# Sylt
KULINARISCH

# Sylt
## KULINARISCH

Ein kulinarischer Wegweiser
zu den schönsten Restaurants und
Hotels der Nordseeinsel

Band II

Klocke Verlag

# Sylt
KULINARISCH

Ein kulinarischer Wegweiser
zu den schönsten Restaurants und Hotels
der Nordseeinsel

Band II

Klocke Verlag GmbH
Höfeweg 40, 33619 Bielefeld
Telefon: 05 21 / 9 11 11-0, Telefax: 05 21 / 9 11 11-12
www.klocke-verlag.de · info@klocke-verlag.de

1. Auflage 2007



Art Direction:
Gerd Huss

Fotos:
Ydo Sol, Klaus Lorke, Martin Bäuml

Text:
Günter Ned, Gundula Luig-Runge, Sabine Herder,
Bernd Teichgräber, Gabriele Isringhausen, Annina Hageresch

Grafik:
Claudia Stepputtis, Nadine Duncker,
Sabina Winkelnkemper, Thomas Kacza

Lithographie:
Klocke Medienservice Holger Schönfeld, Werner Busch

Produktion: Claudia Schwarz

Vertrieb: Stephan Klocke

Druck: Graphischer Betrieb
Ernst Gieseking GmbH & Co. KG, Bielefeld

Printed in Germany

ISBN 978-3-934170-41-4

# EDITORIAL

Die Anziehungskraft und Popularität der Insel Sylt ist ungebrochen. Die einzigartige Symbiose aus den idyllischen Dünen- und Heidelandschaften mit dem Wattenmeer und einem vierzig (!) Kilometer langen Sandstrand, weitläufigen Natur- und Landschaftsschutzgebieten auf der einen Seite und dem Glamour und die Exklusivität von Kampen auf der anderen Seite ist absolut einzigartig. Gerade für Gourmets und Genießer ist die Nordseeperle in den letzten Jahren noch attraktiver geworden, immerhin fünf Michelinsterne leuchten mittlerweile über der Insel, zwei allein über Johannes Kings Söl'ring Hof in Rantum. Doch dieser kulinarische Wegweiser beschäftigt sich natürlich nicht nur mit den Feinschmeckerrestaurants, denn gerade die Vielfältigkeit der Gastronomie auf einem begrenzten Raum von gerade einmal neunundneunzig Quadratkilometern ist das Einmalige dieser Destination. Von der Fischbude im Hafen bis zum Strandrestaurant in den Dünen, vom eleganten Gourmettempel bis zum gemütlichen Wirtshaus mit herzhafter Regionalküche spannt sich dieser außergewöhnliche Bogen. Natürlich kann diesen Buch keinen Anspruch auf Vollständigkeit erheben, wir präsentieren Ihnen lediglich unsere Favoriten, die für uns am kreativsten, am schönsten und natürlich am gastfreundlichsten sind. Doch Sylt ist nicht nur für Genießer ein Paradies, die Insel verführt auch zum Shopping mit exquisiten Adressen. Im Kampener „Couture-Carré", in Westerland und in Keitum findet man nahezu alles, was in der Modewelt Rang und Namen hat. Dazu gesellen sich Wohn- und Einrichtungsgeschäfte, die keine Wünsche an außergewöhnliches Home-Living unerfüllt lassen. Wir wünschen Ihnen viel Vergnügen beim Genießen der vielseitigen Facetten der Sylter Erlebnisfreude.

Thomas Klocke

Markus Klocke

(Herausgeber)

List
Kampen
Wenningstedt
Munkmarsch
Westerland
Keitum
Tinnum
Morsum
Archsum
Rantum
Hörnum

Sylt ist nicht irgendeine Insel.
Das erkennt man schon am Bier.“
Herbert Seckler, „Sansibar“ Sylt
SANSIBAR
König Pilsener
DAS KÖNIG DER BIERE

# CHRISTIAN VIII

## ZEHN JAHRE EXKLUSIVE GASTLICHKEIT

Eine Sylter Oase der Ruhe und Beschaulichkeit, der kein Geringerer als der Dänenkönig, der um 1842 die Insel besucht hat, seinen Namen gab, ist das Hotel Christian VIII in Archsum.
Ein königlicher Name, dem die exklusive Residenz seit genau zehn Jahren alle Ehre macht. Das schmucke Ensemble ist mit seinen nur vierzehn Suiten der ideale Ort für eine erholsame Auszeit in einer herzlichen Atmosphäre.
Mit vereinten Kräften setzen Geschäftsführerin Gabriele Eva Kienle und ihr junges Team alles daran, dass die Gäste individuell betreut werden und sich von der ersten bis zur letzten Minute wie zu Hause fühlen. Dazu gehören die für Christian VIII typischen Verwöhnszenarien: Am Eingang steht stets eine Kanne Tee, liegt etwas Süßes für eilige Gäste bereit, Getränke und Obstschalen sind bei Anreise inklusive, die Kuchen am Nachmittag sind natürlich selbst gemacht und den kleinen Hunger stillt die Küche auf Wunsch zwischen 9.00 und 20.00 Uhr mit leckeren Kleinigkeiten. „High-Tea" wird einmal wöchentlich angeboten. Gästen, die im Urlaub etwas für ihre Gesundheit tun möchten, stehen nicht nur Schwimmbad, Sauna und eine Infrarot-Wärmekabine zur Verfügung, sondern auf Wunsch erhalten sie eine Entspannungsmassage durch die Masseurin vor Ort oder es kommen ein Physiotherapeut, ein Arzt oder der „Personal Trainer" ins Haus, die für den Gast ein individuelles Therapieprogramm ausarbeiten.

Geschäftsführerin:
Gabriele Eva Kienle
Heleeker 1
25980 Sylt-Ost/Archsum
Tel.: 0 46 51 / 9 70 70
Fax: 0 46 51 / 97 07 77
info@christianVIII.de
www.christianVIII.de
Suitenpreise von 240 – 410 Euro, Kreditkarten: Amex, Mastercard

Nur eine der Möglichkeiten, den Tag zu beginnen:
das üppige Frühstücksbüfett im eleganten Kaminzimmer.

# BUHNE 16

## STRANDBUDE MIT KULTSTATUS

Buhne 16, das ist Mythos, Legende und Gegenwart in einem. Durch die freizügigen Aktivitäten seiner Besucher geriet der Kampener Strand- und Dünenbereich in den 60er und 70er Jahren in die Schlagzeilen, und er hat seine Berühmtheit bis heute erhalten. Das Strandbistro Buhne 16 wurde erst später – 1981 – von den Brüdern Uwe, Conrad und Dieter Behrens gegründet.

Die durch die Jahre aufrechterhaltene lockere Atmosphäre und die berühmt-berüchtigten Partys prägten den heutigen Kultstatus dieser einzigartigen Szenelocation. Als die Cousins Sven und Tim Behrens 1999 den Familienbetrieb übernahmen, sollte dieses Gefühl von Lockerheit und *easy living* ebenso wie die Partys erhalten bleiben, zumal sich hier Gäste jeden Alters ausgesprochen wohl fühl en. Nach wie vor gibt es deshalb keine Kleiderordnung, lebt die Buhne 16 von der Typenvielfalt ihrer Besucher gleichermaßen wie von ihren jungen, ideenreichen Betreibern.

Nicht zu vergessen natürlich das Charisma, das diesen legendären Ort auch heute noch umweht. So unkompliziert wie die ganze Atmosphäre gibt sich auch die Speisekarte. Hausspezialitäten sind die selbst gefangenen und geräucherten Makrelen, Matjes- und Heringstopf sowie das Lamm vom Grill.

Zum Flair der Buhne 16 gehören natürlich die zahlreichen Events, wie z. B. das Longboardfestival (Deutschlands größter Surf-Wettbewerb) oder die Livekonzerte.

Inhaber:
Tim und Sven Behrens
Listlandstraße 133 a
25999 Kampen
Tel.: 0 46 51 / 49 96
info@buhne16.de
www.buhne16.de
Öffnungszeiten: täglich ab 10.00 Uhr bis open end, geöffnet von einer Woche vor Ostern bis Ende Oktober

Buhne 16 – das ist Mythos, Legende und Gegenwart in einem.

# GOGÄRTCHEN

## KAMPEN-HOCHZEIT GLAMOURÖS

„Gogärtchen forever", heißt der neue Slogan von Rolf Seiche, dessen Szene-Treff seit über 50 Jahren zum Anlaufpunkt für Kampen-Fans jeden Alters gehört. Das stilvolle Restaurant, die elegante Bar innen, die Champagner-Bar draußen und der hübsche Garten prädestinieren diese Institution geradezu für ein Hochzeitsfest – und in den 27 Jahren, in denen Rolf Seiche das Gogärtchen unter seinen Fittichen hat, wurden davon schon so einige gefeiert. Wer das Besondere sucht und schätzt, wird hier eine unvergessliche Feier erleben. Denn für Wirt wie Team gehören Hochzeiten nach wie vor zu den größten Herausforderungen und herausragenden Events im Gogärtchen. Küchenchef Thomas Fischer stimmt mit dem Brautpaar die Menüfolge ab, legt die Küchenrichtung fest, ist auch in diesem Punkt äußerst flexibel. Wer gerade keine Feier plant, trinkt und tafelt natürlich ebenso ausgezeichnet. Zuvor genießt man ein Glas Veuve Clicquot an der Champagner-Bar und nach dem Dinner mixt Barkeeper Stefan Czerwony gerne noch den Lieblingscocktail. In den letzten Jahren hat sich Rolf Seiche übrigens auch mit seinen Events einen Namen gemacht. Sei es sein Rolf-Golf-Turnier oder die Präsenz während des Sylter Polo-Turnier, wo das Gogärtchen als Stammhaus des Kölner Bankhauses Oppenheim fungiert. Und nicht zuletzt durch sein Engagement für UNICEF.

Inhaber: Rolf Seiche
Strönwai 12
25999 Kampen
Tel.: 0 46 51 / 4 12 42
Fax: 0 46 51 / 4 11 72
info@gogaertchen-sylt.de
www.gogaertchen-sylt.de
Öffnungszeiten Küche:
13.00 – 17.30 Uhr
und 19.00 – 23.00 Uhr,
Bar ab 13.00 Uhr bis
open end, geöffnet von
21. Februar bis Ende
Oktober, an Weihnachten
und zur Silvestergala
Kreditkarten: Amex,
Diners, Mastercard, Visa

„Gogärtchen forever" – die Kampener Szene-Institution begeistert seit 50 Jahren ein illustres Publikum.

# GOLF- UND LANDHAUS KAMPEN

## RUNDUM WOHLFÜHLEN

Ankommen und sich wohl fühlen, das ist seit vielen Jahren die Philosophie des Golf- und Landhauses Kampen und nicht umsonst zählt das Luxusdomizil zu den Top-Adressen der Insel. Da wäre zunächst die Lage hervorzuheben. Denn nicht einmal zehn Minuten vom Meer und vom Watt entfernt, aber immer noch nahe genug, um auf der luxuriösen Flaniermeile von Kampen, dem Strönwai, bummeln zu gehen, liegt die Villa unter Reet in einem wunderschönen, 2900 Quadratmeter großen Garten in absoluter Ruhe. Schon beim Betreten der Zimmer und Suiten möchte man sogleich die Ferientage verlängern, entpuppt sich doch jeder Raum als Lieblingszimmer, in dessen Harmonie man sich auf Anhieb wohl fühlt. So verfügen alle Suiten über einen eigenen Kamin. Warme Farbtöne und eine besondere, indirekte Beleuchtung dominieren das Interior des Golf- und Landhauses. Überall finden sich Hinweise auf die Lieblingsbeschäftigung vieler Gäste. Kleine Figuren und stimmungsvolle Schwarzweißbilder sind die reizvolle Hommage an die noble Sportart Golf. Denn die Insel hat viele Löcher – achtzehn in unmittelbarer Nähe zwischen Kampen und Wennigstedt. Nicht-Golfer vergnügen sich im Schwimmbad, in der Sauna, genießen bei Strandspaziergängen die gesunde Luft der Insel, spüren das Flair dieses besonderen Fleckchens Erde.

Gastgeber:
Florian Hühne
Braderuper Weg 12
25999 Kampen
Tel.: 0 46 51 / 4 69 10
Fax: 0 46 51 / 46 91 11
info@landhaus-kampen.de
www.landhaus-kampen.de
Küche: garni, Zimmer und Suiten je nach Saison: 200 – 485 Euro (inkl. Frühstück)

Seit vielen Jahren eine beliebte Wohlfühladresse in Kampen.
Auch die Bar kommt bei den Gästen gut an.

# LA GRANDE PLAGE

## SONNENUNTERGANG INKLUSIVE

Wenn die Sonne wie ein roter Feuerball im Meer versinkt, der Wein im Glas funkelt und Kerzenschein das Ambiente zusätzlich in warmes Licht taucht, dann kann der Augenblick eigentlich nur unvergesslich sein. Und garantiert sitzen Sylt-Besucher, die dieses Erlebnis genießen, auf der schönen Holzterrasse im La Grande Plage in Kampen.

Das Bistro mit der fantastischen Strandlage ist eine der beliebtesten Locations der Insel. Hier treffen sich unterhalb des alten Leuchtturms nicht nur zahlreiche Feriengäste, sondern auch viele Insulaner zum Klönschnack. Zum einen liegt das an der Herzlichkeit des Gastgebers Manfred Hermann, zum anderen an der gelungenen Speisekarte. Die bietet nicht nur Klassiker wie Majtes Hausfrauenart mit Bratkartoffeln, die nach einem langen Strandspaziergang ja oft besonders gut schmecken, sondern u.a. auch eine Fischpfanne „Grande Plage" mit provenzalischem Gemüse, scharfes Huhn „Piri Piri" oder eine Scampipfanne „Mediterran" mit Baguette.

Sehr beliebt ist das La Grande Plage auch bei Verliebten, die dort gern ihre Hochzeit feiern. „Romantischer als bei uns kann man kaum in den Hafen der Ehe einlaufen", sagt Manfred Hermann, ergänzt: „Wir geben gerne Tipps und reservieren auch als geschlossene Gesellschaft." Ein weiteres Highlight des Strandbistros: Die hauseigene Sauna mit Meeres- und Dünenblick, Außenterrasse und Zugang zum Meer.

Gastgeber:
Manfred Hermann
Riperstig / Weststrand
25999 Kampen
Tel.: 0 46 51 / 88 60 78
Fax: 0 46 51 / 88 60 83
info@grande-plage.de
www.grande-plage.de
Öffnungszeiten Küche:
11.00 – 22.00 Uhr
November bis März:
12.00 – 18.00 Uhr

Unten weißer Sand, vorne das Meer, auf dem Teller fangfrischer Fisch.
Schöner kann Ferienglück nicht sein.

# JENS'NS TAFELFREUDEN

## KOSMOFLAIR UNTERM REETDACH

Es gibt wenige Restaurants, die schon beim Eintreten vermitteln, dass es um mehr geht als um die Köstlichkeiten aus Küche und Keller. Im Kampener Restaurant jens'ns tafelfreuden merkt man schnell, dass hier ambitionierte Gastronomen am Werk sind.
Die großzügig geschnittenen Räumlichkeiten würden jeder Metropole gut zu Gesicht stehen. Mit viel Gespür für die Bedürfnisse der Gäste verwandelte Dieter Jensen gemeinsam mit Ehefrau Bettina die Räumlichkeiten des reetgedeckten Hauses in richtige Schmuckstücke: zurückhaltend und modern, aber trotzdem anheimelnd. Kontrapunkte setzen farbenfrohe Stoffe und moderne Kunst aus dem Fundus der Galerie „Röhrender Hirsch". Kurz gesagt: ein Ambiente mit junger und frischer Leichtigkeit, das die passende Kulisse für entspannte Stunden darstellt. Genau wie die von Friesenwall und unzähligen Heckenrosen geschützte Gartenterrasse.
So unkompliziert und frisch wie das Ambiente präsentieren sich auch die Zubereitungen der Küche. Dieter Jensen, der Insidern aus seiner Zeit im nahe gelegenen Dorfkrug noch in bester Erinnerung ist, verwöhnt den Gaumen mit dem, was die Saison an Spezialitäten zu bieten hat. „Absolute Frische und Topqualität", ist dabei seine oberste Maxime und soweit wie möglich greift er auf die Produkte der Insel zurück.
Das schmeckt man – egal ob man einen der „Renner" bestellt, vielleicht die Thai-Curry-Suppe mit Scampi, den Ziegenkäse im Zucchinimantel aus dem Ofen, Königsberger Klopse „Tafelfreuden" (schmecken „wie bei Muttern") oder eine der wechselnden Kreationen

Wohltuend modern und frisch präsentiert sich das Kampener Restaurant jens'ns tafelfreuden.

Einfach himmlisch, der Seeteufel
mit Scampi auf Thai-Curry-Linsen.

rund um die Bewohner des Meeres, ein gebratenes Steinbeißerfilet auf Balsamicolinsen vielleicht oder einen im Ganzen zubereiteten Loup de mer aus dem Ofen.

Inhaber: Dieter Jensen
Süderweg 2
25999 Kampen
Tel.: 0 46 51 / 4 40 41
Fax: 0 46 51 / 4 40 42
j.tafelfreuden
@t-online.de
www.jensens-
tafelfreuden.de
Öffnungszeiten Küche:
17.30 – 23.00 Uhr
Ruhetag: Dienstag (nur
außerhalb der Saison)
Kreditkarten: American
Express, Mastercard,
Visa, EC-card

Wirklich erfreulich sind die moderaten Preise, die man in Kampen durchaus nicht überall findet.

Das gilt im Übrigen auch für die kleine, aber feine Auswahl an Weinen. Für Gesellschaften in kleinem Rahmen öffnet das Restaurant selbstverständlich auch mittags seine Pforten.

# CAFÉ KUPFERKANNE

## ORIENT TRIFFT OKZIDENT

Die Geschichte der Kupferkanne ist eng mit der Kunst verbunden. 1945, acht Tage vor Kriegsende, kam der Bildhauer Günter Rieck als Oberleutnant der Marine nach Sylt. Als Quartier wurde ihm ein halb in die Erde eingelassener Flakbunker zugewiesen. Rieck grub sich ein Zimmer in die Erde, meißelte ein Fenster in den Bunker und hatte fortan ein Atelier. Aus Wattschlick formte der Bildhauer Vasen. Bald kamen andere Künstler zu Besuch. Nach und nach wurde aus dem Atelier das Künstlercafé „Kupferkanne".

Heute präsentiert hier der Hamburger Henning Fricke seine bis zu 2000 Jahre alten, aus ganz Asien stammenden Buddhaskulpturen. Die Atmosphäre ist einzigartig: Umgeben von einer malerischen Kiefern- und Heidelandschaft fühlt man sich irgendwie immer ein wenig der Wirklichkeit entrückt. Weil es so still und friedlich hier ist, weil man bei einem opulenten Frühstück so erstklassig den Tag beginnen kann, weil die schwarzen Bohnen wirklich noch nach Kaffee duften, weil man so traumhaft im wunderschönen Cafégarten mit Blick auf das Wattenmeer sitzt, weil, weil, weil.

Es gibt so viele Gründe, immer wieder in der „Kupferkanne" mit ihren verwinkelten Stuben und der prachtvollen Außenanlage Station zu machen. Seit 1984 wird diese Sylter Institution erfolgreich von Bäcker- und Konditormeister Willi Schäfer geführt.

Inhaber: Ruth Rieck
und Willi Schäfer OHG
Stapelhooger Wai 7
25999 Kampen
Tel.: 0 46 51 / 4 10 10
Fax: 0 46 51 / 4 38 10
info@kupferkanne-sylt.de
www.kupferkanne-sylt.de
Öffnungszeiten: täglich
ab 10.00 Uhr (Wintermonate ab 12.00 Uhr)
Ausstellung „Moments with Buddha": 10.00 – 18.00 Uhr, Eintritt für die Ausstellung: 6 Euro
Kreditkarten: EC-Karte, Visa

Oben laden gemütliche Stuben zum kulinarischen,
im Gewölbe zum kunstvollen Genuss ein.

# MANNE PAHL

## SCHWEIZER TEMPERAMENT

Liedermacher Reinhard Mey wünscht ihn sich als Grabredner, Ex-Bayern-Kicker Thomas Helmer wählte ihn bei der Hochzeit mit TV-Star Jasmina Filali als Trauzeugen. Und Komiker Karl Dall schätzt ihn als Weinexperten. Gastronom Pius Regli hat sich mit seinem Schweizer Temperament (jawohl, so etwas gibt es!) schon viele Freunde gemacht. Im Jahr 1978 „verschlug" es den charismatischen Luzerner auf die „Königin der Nordseeinseln". „Eingefangen" hat ihn kein Geringerer als der „Alte" alias Horst Tappert. Der spielte damals keinen Kommissar, sondern flimmerte im Filmchen „Heißer Sand auf Sylt" über die Leinwand. Der junge Schweizer war begeistert und beschloss: Da muss ich hin! Nach mehreren Stationen widmet er sich seit über zwanzig Jahren mit Charme und seinem ganz eigenen Humor sehr erfolgreich dem Kampener Refugium Manne Pahl.

Die zwischen Berghüttencharme und Landhausstil eingerichtete kulinarische Institution lockt Insulaner und Urlauber, Promis und solche, die es vielleicht gern wären, gleichermaßen an. Dazu trägt natürlich nicht nur das Ambiente bei (moderner Wintergarten zum Sehen und Gesehenwerden, Stube mit friesischer Gemütlichkeit oder alpenländischem Touch), sondern vor allem die exzellente Küche des Küchenteams Hagen Schäfer und Gregor Wenzlaw, die aus dem Hamburger Top-Restaurant Tafelhaus den Weg auf die Insel gefunden haben. Gekonnt beherrschen sie den Spagat zwischen feinen Kulinarien und den bodenständigen Manne-Pahl-Klassikern. Für die süßesten Versuchungen, seit es Kuchen gibt, ist Konditormeister Andreas Günther verantwortlich. Sylter Butterkuchen und den genialen Pflaumenkuchen kann niemand besser als er und man ist leicht versucht, nach den Rezepten dieser köstlichen Verführer zu fragen. Viele Stammgäste kommen wegen der

Hervorragende Küche und individuelles Interieur:
das Manne Pahl im Kampen.

Manne-Pahl-Klassiker, angefangen beim Matjes nach Hausfrauenart mit Bratkartoffeln bis hin zum legendären Wiener Schnitzel. Doch die wechselnde Speisenkarte weiß auch mit feineren Kulinarien zu überzeugen. Nicht unerwähnt bleiben darf die – neben Sylt – zweite große Liebe von Pius Regli. Der „Zugereiste" ist ein vielseitiger Connaisseur und verfügt über ein riesiges Angebot ausgewählter Weine. Der Empfehlung des Patrons sollte man Glauben schenken, denn, vielen noch unbekannt: Die Schweiz besitzt einen höchst ambitionierten Weinbau, dessen beste Repräsentanten einen Vergleich mit internationalen Spitzenweinen nicht zu scheuen brauchen

Inhaber: Pius Regli
Zur Uwe Düne 2
25999 Kampen
Tel.: 0 46 51 / 4 25 10
Fax: 0 46 51 / 4 44 10
info@manne-pahl.de
www.manne-pahl.de
Öffnungszeiten Küche:
10.00 – 23.00 Uhr
(geöffnet bis 1.00 Uhr)
Ruhetag: keiner
Kreditkarten: EC-Karte,
Mastercard, Visa

# HOTEL RUNGHOLT

## ERHOLUNG ZWISCHEN DÜNEN UND MEER

Das Sylter Hotel Rungholt glänzt durch seine zauberhafte, ruhige Lage. Nur wenige Schritte und man erreicht das Wattenmeer, den weißen Strand, genießt den unverbauten Blick auf die Nordsee. „Gleich um die Ecke“ das Dorf Kampen; idyllisch und mondän, manchmal leicht versnobt oder herrlich bodenständig. Bereits in der vierten Generation leiten Sabine und Dirk Erdmann das Hotel am Meer, halten es mit viel Gefühl für die Bedürfnisse ihrer Gäste stets up to date. Jüngstes Beispiel: Ein edel gestalteter Hamam (türkisches Bad) mit wunderschönen Kacheln ergänzt den luxuriösen Beauty- und Wellnessbereich, zwei Suiten und ein neuer Tagungsraum gesellten sich zu den individuell gestalteten, komfortablen Zimmern. Das Herzstück ist die gemütliche Reiterbar. Seit 18 Jahren hält Monika Wallner hier die Zügel fest in der Hand.

Individualreisende, Golfspieler, Eltern mit Kindern, Verliebte oder das ältere Ehepaar, das schon seit Jahrzehnten die Herzlichkeit des Hauses genießt, fühlen sich bei dem Gastgeberehepaar Erdmann rundum wohl. Dafür sorgt das gut geschulte „Rungholt“-Team. Zu ihm gehört Küchenchef William Wallner ebenso wie die schwäbische Empfangschefin, die mit freundlichem Lächeln für jeden Gast ein persönliches Wort hat, oder der umsichtige Restaurantleiter David Liestemann. „Mit Freundlichkeit den Gästen Ruhe und Erholung vermitteln“, bringt Dirk Erdmann die Philosophie des Hauses auf den Punkt.

Gastgeber:
Familie Erdmann
Kurhausstraße 35
25999 Kampen
Tel.: 0 46 51 / 44 80
Fax: 0 46 51 / 4 48 48
info@hotel-rungholt.de
www.hotel-rungholt.de
Zimmerpreise: 95 – 273 Euro, Studios und Suiten 228 – 400 Euro
Kreditkarten: EC-cash

Zauberhafte Lage: hier sind Meer und Dünen ganz nah.

# STURMHAUBE

## UNTER FRISCHEM „HAUPTSTADTWIND“

Diesen Ausblick gibt es auf Sylt kein zweites Mal: Direkt auf den hohen Gestaden des Roten Kliffs schweift der Blick über die Dünen auf die Nordsee und in der anderen Richtung über die reetgedeckten Häuser Kampens auf das Wattenmeer. Die Sturmhaube hat bereits Generationen von Sylt-Besuchern begeistert und wird es auch weiterhin tun. Dafür wollen der neue Geschäftsführer Markus Semmler und sein junges Team, die seit 1. Mai 2007 für eine erfolgversprechende Zukunft dieses Sylt-Klassikers Verantwortung tragen, nämlich sorgen.

Der Berliner Starkoch hat sich viel vorgenommen, um die „alte Lady“ Sturmhaube für das verwöhnte Sylter Publikum wieder attraktiv zu machen. Vom Interieur durchdesignd, weht jetzt ein gewisses „Hauptstadt-Flair“ durch die großzügigen Räume. Das Ambiente ist stylish, aber warm. Die regional wie auch international ausgerichtete Frischeküche bietet für jeden Geschmack etwas – von der Sylter Royal bis zu Klassikern von Markus Semmler. Asia-Fans erwartet exzellentes Sushi vom Sushi-Meister. Eine preiswerte Mittagskarte und Kaffee- und Kuchenspezialitäten auf der Strandkorbterrasse sind weitere Highlights. Achtung: abends wird das Restaurant zweimal belegt, um 18.00 Uhr sowie um 20.00 Uhr. Eine Reservierung ist erforderlich.

Legendär: Die Sturmhauben-Bar im Turm mit spektakulären Sonnenuntergängen.

Geschäftsführer:
Markus Semmler
Riperstig 1
25999 Kampen
Tel.: 0 46 51 / 99 59 40
Fax: 0 46 51 / 9 95 94 19
wein@sturmhaube.de
www.sturmhaube.de
Öffnungszeiten Küche:
12.00 – 23.00 Uhr,
Bar ab 18.00 Uhr
Ruhetag: keiner
Kreditkarten: American Express, Mastercard, Visa, Ec-Karte

Neues Outfit für eine „alte Lady“: Stylishe Interieurs mit coolem „Hauptstadtcharme“ prägen das Innere der neuen Sturmhaube.

# VILLAGE

## BEZAUBERT MIT GANZ EIGENEM CHARME

Verantwortlich für den ganz eigenen Zauber dieser kleinen, aber sehr feinen Kampener Adresse sind die renommierten Sylter Innenarchitekten Peter und Minka Stütz. Vor zehn Jahren übernahmen sie das schmucke Reetdachanwesen an der Alten Dorfstraße und schufen mit ihrem unbestechlichen Sinn für den Reiz multikultureller Inspirationen ein weltoffenes Refugium, das heute zu den besten Adressen der Insel gehört. Damit es so bleibt, wird das ambitionierte Ehepaar nicht müde, das Village immer wieder neu zu definieren. Komfort und Annehmlichkeiten versprechen die 5 Suiten – meilenweit entfernt von Hotelstandards – und die schicken neun Doppelzimmer. Die Highlights: ein Service-Point mit Laptop und Drucker sowie zwei Smart (ein Cabrio) und ein VW-Van, mit dem die Gäste die Insel erkunden können. Doch das Village hat mehr zu bieten als ästhetisches Ambiente, modernsten Komfort, Schwimmbad, Sauna, Solarium, Fitnessgeräte von Technogym, ein exklusives Wellnessangebot oder auf Wunsch eine eigene Fitnesstrainerin. Der persönliche Service und die individuelle Betreuung ist für die perfekt eingespielte, professionelle Crew unter der Leitung von Hoteldirektor André Weber eine Selbstverständlichkeit. Das fängt beim Frühstücksbüfett an und hört beim wechselnden Tagesgericht am Abend noch lange nicht auf.

Inhaber:
Peter und Minka Stütz
Hoteldirektor:
André Weber
Alte Dorfstraße 7
25999 Kampen
Tel.: 0 46 51 / 4 69 70
Fax: 0 46 51 / 46 97 77
hotel@village-kampen.de
www.village-kampen.de
Öffnungszeiten Küche für Gäste und Freunde:
18.00 – 21.00 Uhr
Ruhetag Küche: Dienstag, Zimmerpreise
je nach Kategorie und Saison: 230 – 435 Euro
Kreditkarten: Amex, Diners Club, Eurocard/ Mastercard, EC, Visa

Das Spiel mit unterschiedlichen Stilrichtungen beherrschen
die Inhaber des Village Minka und Peter Stütz perfekt.

Das schmucke Anwesen glänzt außen mit
typischem Reetdach, innen mit zauberhaften
Interieurs und modernstem Komfort

# WALTER'S HOF

## LEGENDÄRER TREFFPUNKT

Eigentlich wollte Detlef Tappe nur drei Monate auf Sylt vorbeischauen, doch dann kam alles anders. Dieses Jahr kann der gebürtige Ostwestfale aus Lübbecke am Wiehengebirge seine dreißigste Saison auf der Insel feiern. Kaum mehr als einen Steinwurf ist sein berühmtes Hotel Walter's Hof von der legendären Kampener Whiskystraße entfernt.

Zahlreiche prominente Zeitgenossen reihen sich in die Schar seiner Gäste und genießen immer wieder von neuem das besondere Flair des Hauses – sei es der sensationelle Ausblick über die Dünen auf die Nordsee, sei es die gute Küche, die „Tappe's Restaurant" serviert, die Wellness- und Beautyeinrichtungen des Hotels oder die hochkarätigen Events des Hausherrn. Logiert wird in großzügigen Suiten und Hotel-Appartements nicht unter fünfunddreißig Quadratmetern. Ein Teil der Interieurs präsentiert sich in elegantem Kolonialstil, attraktiv kombiniert mit Akzenten im Inselflair. Im ebenso behaglichen wie stilvollen Ambiente von „Tappe's Restaurant" wird das anspruchsvolle Publikum mit exzellenten Produkten und ebensolchen Zubereitungen begeistert. Eine Rarität: Wilder Steinbutt mit Babyspinat und Trüffelsauce. Kulinarisches Highlight in Walter's Hof ist zweifelsfrei wieder das Gourmet-Festival im Januar 2008 – und das nicht nur, weil Detlef Tappe der Präsident ist.

Inhaber: Detlef Tappe
Kurhausstraße 23
25999 Kampen
Tel.: 0 46 51 / 98 96-0
Fax: 0 46 51 / 4 55 90
walters-hof@t-online.de
www.walters-hof.de
Öffnungszeiten Küche:
12.00 – 22.00 Uhr
Ruhetag: keiner
Zimmerpreise: je nach Saison 120 – 690 Euro für zwei Personen,
Frühstück 18 Euro p. P.
Kreditkarten: American Express, EC-Karte

Die gute Küche in „Tappe's Restaurant"
begeistert das prominente Publikum.

# AARNHOOG

## MIT NEUER AUSSTATTUNG

In einer ruhigen Seitenstraße im idyllischen Keitum, dem „grünen Herzen" der Insel, präsentiert sich das Hotel, das von der Fachwelt schon mehrfach als eines der schönsten kleinen Hotels Deutschlands bezeichnet wurde, als „ewig junge Diva".

Damit das auch in Zukunft so bleibt und die „Diva" den Bedürfnissen der Gäste weiterhin vollauf gerecht werden kann, erhielt sie in diesem Jahr ein neues Kleid. Die zwölf komfortablen und sehr großzügigen Suiten und das eine Doppelzimmer wurden mit neuen Teppichen, Betten und teilweise neuen Sofas ausgestattet. Die hochwertigen Holzeinbauten wurden aufgearbeitet und strahlen nun in eleganten Cremetönen. Die Fenster erhielten neue exklusive Vorhänge und auch die Bezugstoffe wurden komplett ausgetauscht. Natürlich wurde alles passend auf die jeweilige Raumsituation zugeschnitten.

Im Aarnhoog gleicht keine Suite der anderen, jede ist anders zugeschnitten und mit maßgeschneiderter Haute Couture eingerichtet – ob die Familiensuiten mit viel Platz für die lieben Kleinen oder die behindertengerechte Suite. Nach der liebevollen Renovierung erstrahlt das ganze Haus in sanften fliederfarbenen, rostroten, gelben und braunen Tönen und modernste Flachbildschirme, DVD-Player, Hi-Fi-Anlagen von B & O und W-Lan setzen neue Maßstäbe beim Komfort.

Auch das Herzstück des Hauses, der großzügige Wellnessbereich, war sozusagen in der „Kosmetik". Der Pool wurde komplett neu gestaltet, der Whirlpool aufwändig eingefasst und der Fitnessraum musste einer großzügigen Beautykabine weichen, in der die topgeschulten Spa-Mitarbeiterinnen des Schwesterhotels „Fährhaus", dessen luxuriöse Annehmlichkeiten

Individuelle Zuschnitte und hochwertige Einzelstücke von Baur Wohn-Faszination machen den Reiz der renovierten Suiten aus.

von den Aarnhoog-Gästen kostenfrei genutzt werden können, Body und Soul verwöhnen.

An dem sehr individuellen Wohlfühlkonzept des Hauses hat sich sehr zur Freude der unzähligen Stammgäste jedoch nichts geändert. Wie im „Fährhaus“ gefällt auch hier die ausgedehnte Frühstückszeit bis 12.00 Uhr. Am Nachmittag verwöhnt die „gute Seele“ des Hauses, Ulla Lange, die Gäste mit hausgemachten Kuchenspezialitäten – ihre Eierlikör- bzw. Friesentorte ist schon beinahe legendär. Und am Abend gibt es nur für die Hausgäste ein kleines Drei-Gang-Menü von erlesener Qualität sowie eine kleine, aber feine À-la-carte-Auswahl.

Geschäftsführer:
Gerhard Pohl
Gaat 13, 25980 Keitum
Tel.: 0 46 51 / 39 90
Fax: 0 46 51 / 3 99 10
info@aarnhoog.de
www.aarnhoog.de
Öffnungszeiten Küche:
8.00 – 12.00 Uhr Frühstück, bis 17.00 Uhr Kaffee und Kuchen, Abendessen nur für Hausgäste, Zimmerpreise:
DZ 88 – 118 Euro, Suite 108 – 180 Euro je nach Saison und pro Person
Kreditkarten: Mastercard, Amex, Visa

# BENEN-DIKEN-HOF

## URSPRÜNGLICH. GEMÜTLICH. PRIVAT.

1963 übernahmen Claas Johannsen und seine Frau Anja den ehemaligen Bauernhof, bauten ihn im Laufe der Jahre zu einem Hotel mit viel Stil und Ambiente aus. Immer mehr nahm die „Insel Benen-Diken-Hof" mit dem alten Kapitänshaus auf 20000 Quadratmetern Grund drumherum Gestalt an. Seit 1996 setzen Anja und Claas-Erik Johannsen die Tradition fort, brachten und bringen eigene Ideen ein, begannen behutsam, mit viel Liebe zum Detail, die Zimmer zu renovieren. Nach und nach entstand außerdem eine umfangreiche Beauty- und Wellnesslandschaft, wurden Garten und Terrassen mit stilvollen Möbeln zu idyllischen Plätzen, an denen man die Seele baumeln lassen kann.

Die hochkarätige Küche des Restaurants „Kökken" steht in erster Linie Hausgästen zur Verfügung, aber auch „Aushäusige" genießen gern die Leckereien. Allein für das Hirschrückenmedaillon auf gebratenen Steinpilzen mit Grenaille-Kartoffeln und Rotweinjus lohnt sich jeder Weg in die „Kökken". Das Gastgeberehepaar hat den Benen-Diken-Hof zu einem besonderen Kleinod auf Sylt gemacht, ohne dabei den ursprünglichen Charakter (45 Zimmer und Suiten, dazu die Häuser Dikhüs, Süderhüs, Uasterhüs und Terphüs) zu verändern. „Wir möchten authentisch sein. Unser Ziel ist der Dreiklang: Ursprünglich. Gemütlich. Privat", fasst der Gastgeber die Philosophie des Hauses zusammen.

Gastgeber: Anja und Claas-Erik Johannsen
Süderstraße 3–5
25980 Keitum
Tel.: 0 46 51 / 93 83-0
Fax: 0 46 51 / 9 38 31 83
info@benen-diken-hof.de
www.benen-diken-hof.de
Öffnungszeiten „Kökken": 18.00 – 22.00 Uhr
Zimmerpreise: 129 – 375 Euro, Ferienhäuser: 370 – 485 Euro
Kreditkarten: alle

Bitte Platz nehmen und die Seele baumeln lassen.

# ESS.ZIMMER

## WELTOFFEN & UNKONVENTIONELL

Am Ortseingang von Keitum liegt einer jener kulinarischen Adressen, die man eigentlich lieber für sich behalten möchte. Denn die Tische auf der wind- und wettergeschützten Gartenterrasse und in den hellen freundlichen Restauranträumen sind begrenzt und bei Urlaubern, Inselbewohnern und Zweitwohnungsbesitzern gleichermaßen begehrt.

Das liegt zum einen an der lifestyligen und weltoffenen Atmosphäre, aber in der Hauptsache an dem ungezwungenen, aber stets professionellen Service und der exzellenten Küche. Verantwortlich dafür: Richard Kahl – genussfreudigen Sylt-Fans aus seiner Zeit als Küchenchef im Benen-Diken-Hof, dem Manne Pahl und dem Landhaus Nösse noch bestens in Erinnerung. Er der 2004 frischen Wind in die historischen Gemäuer des „Dechters Hüs", das ehemalige Haus des Heimatdichters Erich Johannsen, gebracht hat.

Der Wahlkeitumer, der vor seiner Sylter Zeit seine Kunst in Berlin und London poliert hat, steht für eine unkomplizierte Frischeküche, die sich von der Region genauso inspiriert zeigt wie von Asien und den Mittelmeerregionen, die aber stets mit einer gehörigen Portion kreativer, oft angenehm unkonventioneller Fantasie zubereitet wird. Standards und so genannte Sylter Musts sucht man auf der Karte vergebens. Stattdessen liest man sich auf der Tafel, die das täglich wechselnde Fünf-Gang-Menü und jeweils ein Fleisch- und ein Fischgericht offeriert, in ein Aromen-Schlaraffenland ein.

Inhaber: Richard Kahl
Gurtstich 2
25980 Keitum
Tel.: 0 46 51 / 3 18 84
Öffnungszeiten Küche:
17.30 – 22.00 Uhr
Ruhetag: Sonntag (nicht im Juli und August)
Kreditkarten: EC-cash

Überzeugt seit drei Jahren durch konstant hohe Qualität und unkonventionelle Kreationen: Richard Kahl.

Ungezwungenes Sylt-Feeling genießen die Gäste auf der wind- und wettergeschützten Gartenterrasse des Restaurants Ess.Zimmer.

# FISCH-FIETE

## KULTADRESSE IN DRITTER GENERATION

Fisch-Fiete, eine mittlerweile legendäre Sylter Institution, wurde 1954 von Friedrich „Fiete“ Paegler gegründet. Inzwischen ist der Enkel – und Sohn der bekannten Sylter Gastgeberin Annegret Sievers – in die Fußstapfen des Großvaters getreten und hat nach Stationen in der Berliner und Hamburger Hotellerie „Fisch-Fiete“ in Keitum übernommen. Seit seiner Eröffnung im Juni 2005 überzeugt die neue Keitumer Lifestyle-Adresse bei Musik und mit Sonnenterrasse mit einer Auswahl leckerer Friesen-Tapas.

Im Restaurant stehen auch weiterhin die Spezialitäten, die „Fisch-Fiete“ schon vor langer Zeit bekannt gemacht haben, auf der Speisekarte, wie Fiete's pikante Sylter Fischsuppe, die frische Seezunge mit hausgemachtem Kartoffelsalat, das Fischgulasch vom Seeteufel und der vorzügliche Aal grün à la Maria in Dilltunke mit Salzkartoffeln und Gurkensalat oder die nicht weniger legendäre Rote Grütze.

Wer mal keine Zeit hat, im Garten oder in einer der wunderschönen, mit historischen Delfter Fliesen geschmückten Stuben Platz zu nehmen, der kann all die hausgemachten Speisen mit nach Hause nehmen. Das gilt auch für die Kuchen, die von Mutter Annegret Sievers frisch gebacken werden. Sie war es übrigens auch, die viele der Spezialitäten, die nach alten Hausrezepten hergestellt werden, im „Fisch-Fiete-Kochbuch“ zusammengetragen hat.

Inhaber:
Familie Sievers
Weidemannweg 3
25980 Keitum
Tel.: 0 46 51 / 3 21 50
Tel. Bistro:
0 46 51 / 8 89 89 29
Fax: 0 46 51 / 3 25 91
www.fisch-fiete.de
Öffnungszeiten Küche
Restaurant: 12.00 – 14.00 Uhr und 18.00 – 22.30 Uhr, Bistro: ab 12.00 Uhr durchgehend
Kreditkarten: EC-cash

Thomas Sievers und Restaurantleiterin Angelika Hohl.
Das legendäre Fisch-Fiete gehört zu Sylt wie das Meer und der Wind.

# PIUS' WEINWIRTSCHAFT

## UNKOMPLIZIERTE WEINFREUDEN

Pius' Weinwirtschaft hat sich zu einer Institution für Weinliebhaber entwickelt. Das liegt zum einen an der tollen Atmosphäre, dem urgemütlichen Ambiente und dem charmanten Service der drei Damen vom Kliff Halina, Sarah und Britta, hauptsächlich aber an dem vorbildlichen Angebot. Über 400 Tropfen lagern in begehbaren Weinklimakabinetts – 40 (!) können Gäste im offenen Ausschank probieren, sowohl im 0,1- als auch im 0,2-Liter-Glas. Die Preise sind moderat. Natürlich kommen auch die Gäste auf ihre Kosten, die gerade keinen Wein mögen. Sie bestellen vielleicht einen der exquisiten Brände oder ein Pils. Dazu munden herzhaft-pikante Kleinigkeiten wie Flammkuchen, ausgesuchte Salami- und Schinkenspezialitäten, getrocknete Feigen mit Frischkäse oder das verlockende Angebot feinster Käseauswahl. Beim Küchenhandwerkszeug setzt man auf eine scharfe Klinge von Victorinox aus der Schweiz. Alle Weine und Köstlichkeiten werden zu äußerst fairen Preisen auch außer Haus geliefert. Weil das Konzept auf gute Resonanz traf, taten sich der Weinhändler Lars Fuchs, der Weingutbesitzer Detlev Meyer und Gastwirt Pius Regli zusammen; inzwischen führen sie vier Dependancen der Weinwirtschaft, nämlich in Keitum, Buxtehude, Neustadt a. R. und neuerdings in Hamburg-Eppendorf; hier wird zu genussvollen Stunden mit edlen Rebensäften aus aller Welt eingeladen.

Inhaber: Pius Regli
Am Kliff 5
25980 Keitum
Tel.: 0 48 51 / 8 89 14 38
www.pius-weine.de
Öffnungszeiten: 15.00 – 0.00 Uhr in der Saison, außerhalb der Saison ab 17.00 Uhr
Ruhetag: keiner
Kreditkarten: EC-Karte

Für seinen Weinverstand genauso bekannt wie für seinen Humor:
der Sylter Szenewirt Pius Regli.

# WITTENBRINK'S

## VISION LUXURIÖSER GASTLICHKEIT

Sehr gern erinnern sich Kirsten und Ralf Wittenbrink an ihre erste Begegnung mit Sylt – Liebe auf den ersten Blick. Die absolute Premiumlage am ruhigen Ortsrand Keitums mit herrlichem Weitblick über Wiesen und Weiden auf das Wattenmeer und der Option auf die Errichtung eines „Beherbergungsbetriebes" überzeugte die Wittenbrinks auf Anhieb. Die persönlichen Vorstellungen des Ehepaares von luxuriöser Gastlichkeit werden hier – im Appartementhotel Wittenbrink – seit Juni 2006 auf allerhöchstem Niveau „zelebriert". Das reetgedeckte Anwesen präsentiert sich bis ins kleinste Detail wie eine luxuriöse Privatresidenz. Das fängt bei der Größe der fünf Appartements an und endet bei den modernsten technischen Komfortraffinessen noch lange nicht.

Alle Räumlichkeiten bestechen durch eine einmalige Harmonie von natürlichen Materialien, Originalkunstwerken und unzähligen Einrichtungsdetails, die man sonst nur in Privatwohnungen findet.

Das Highlight: relaxen in der eigenen Sauna oder vor dem Kamin (Appartements I und III). Natürlich weckt die luxuriöse Ausstattung der Appartements hohe Erwartungen – Erwartungen, die die Wittenbrinks bis ins Detail erfüllen: in Bezug auf die individuelle Gästebetreuung genauso wie beim opulenten Frühstück oder dem beneidenswert bestückten Weinkeller – die Passion des Hausherrn.

Inhaber: Kirsten und Ralf Wittenbrink
Osterweg 8
25980 Sylt-Ost/Keitum
Tel.: 0 46 51 / 8 36 37 90
Fax: 0 46 51 / 8 36 37 91
info@wittenbrinks.de
www.wittenbrinks.de
Hotel garni, Preise: Appartements je nach Saison und Größe 165 – 320 Euro inkl. Frühstück und täglichem Zimmerservice, Kreditkarten: Amex, Maestro

enuss wird im Wittenbrink's großgeschrieben und so beginnt der Urlaubstag in der offenen Küche mit einem wahren Schlemmerfrühstück

# GOSCH

## FISCH & ENTERTAINMENT

Frei nach dem Motto „Shoppen und Schlemmen“ strömt das Publikum zur neuen Lister Hafenmeile. Natürlich gehört auch ein Besuch bei Gosch zum unverzichtbaren „Pflichtprogramm“. Die Sylter Fisch-Institution ist gleich mit mehreren Anlaufstellen an der Hafen-Piazza ansässig und so kann hier wirklich jeder das passende Ambiente finden.

Ganz neu ist das „Hafendeck“ mit beeindruckendem Panorama-Rundumblick von oben. Das À-la-carte-Restaurant mit umlaufender Terrasse bietet Fischküche vom Feinsten. Eine Tischreservierung ist ratsam. Jeden Freitagabend ist dort Party-Time mit DJ und Musik der letzten vierzig Jahre – ein echter Geheimtipp. Das urigste Outlet des Gosch-Imperiums ist sicher Goschs „nördlichste Fischbude der Republik“. Ob Matjes mit Bier oder Scampi mit Champagner – alles ist drin und das bereits ab 9.00 Uhr morgens.

Die „Alte Bootshalle“ nebenan beweist Seefahrerambiente und setzt Feinschmeckerakzente. Offen ab 11.00 Uhr. Gäste des „Knurrhahn“ genießen von 11.00 Uhr bis in den Abend beste Bedienung in maritimem Interieur. Hier wird Fisch nach feiner regionaler Art serviert. Und bereits auf dem Weg zum Hafen kann man sich in Goschs „Fischhaus“ stärken, einem zeitgemäß modernen Restaurant mit Gourmetbüfett und Hummerbar. Gosch ist eben immer einen Fischzug wert!

Inhaber: Jürgen Gosch
Am Hafen 51, 25992 List
„Die Nördlichste Fischbude“
Tel.: 0 46 51 / 87 04 01
„Hafendeck“ (Restaurant, Cocktailbar, Lounge)
Tel.: 0 46 51 / 8 36 09 66
„Alte Bootshalle“
Tel.: 0 46 51 / 87 03 83
„Knurrhahn“
Tel.: 0 46 51 / 87 07 65
„Fischhaus“, Hafenstr. 16
Tel.: 0 46 51 / 87 13 21
goschsylt@online.de
www.goschsylt.com

Die ganze große Welt des Fischs erlebt man bei Gosch.
Neu ist das Hafendeck mit super Panoramablick.

# VOIGT'S ALTE BACKSTUBE

## PFANNKUCHEN UND „STURMSÄCKE“

Seit 1998 betreiben Konstanze und Kai Voigt die Alte Backstube in List und setzen die Tradition guter Bäckerei und Kochkunst fort. Denn das idyllische, in einem Garten gelegene Café ist auch ein gemütliches Abendrestaurant. Mit einer herrlichen Terrasse und einem schmucken Anbau aus Natursteinen gehört die süße kulinarische Oase zu den begehrtesten Anlaufstellen vieler Urlauber und Insulaner. Neben den „Sturmsäcken“ sind die siebzig verschiedenen Pfannkuchen absolute Spezialität der Alten Backstube. Es gibt sie u.a. mit Äpfeln und Calvadosrosinen, mit Vanillequark und Sauerkirschen und für den Vegetarier mit Schafskäse und Tomaten.

Die Lieblingstorte der „Bäckersfrau“ Konstanze Voigt ist allerdings die Orangentorte. „Nach einem Rezept meiner Mutter.“ Andere schwärmen vom Kartoffeleintopf mit geröstetem Entenfleisch oder von der Fischpfanne. Eine sorgfältige Teeauswahl (alle Sorten können auch erworben werden) sowie ausgesuchte Weine komplettieren das Angebot in der Alten Backstube. Während man bei Sonnenschein im Garten im Strandkorb oder auf gemütlichen Stühlen an Holztischen sitzt, laden bei kühlerem Wetter die Innenräume mit gemütlichen Biedermeiersofas zum Verweilen ein. Das Bonbon: jeden Freitag (in der Saison) ab 19.00 Uhr Livemusik bei Konstanze und Kai Voigt.

Inhaberin:
Konstanze Voigt
Süderhorn 2, 25992 List
Tel.: 0 46 51 / 87 05 12
Fax: 0 46 51 / 95 80 93
info@altebackstube.de
www.altebackstube.de
Öffnungszeiten Küche:
12.00 – 21.00 Uhr
Ruhetag: Mittwoch, in der Saison kein Ruhetag
Kreditkarten: EC-Karte
Speisen: 5 – 18 Euro

emütliches Ambiente und eine große Auswahl an verschiedenen Pfannkuchen genießt man in Voigt's Alter Backstube.

# WESTSTRANDHALLE

## SCHMANKERLN AUS ÖSTERREICH

Einmal im Jahr taucht Ulrich König ab ... auf den Malediven oder im Mittelmeer. Die restliche Zeit ist der gebürtige Österreicher und leidenschaftliche Taucher Wirt in Deutschlands nördlichstem Restaurant. Mitten in den Lister Dünen, umgeben nur von Himmel und Dünengras, bietet er seit Juli 1986 gemeinsam mit seiner charmanten Frau Gerti, ebenfalls Österreicherin, kulinarische Schmankerl aus seiner Heimat an. „Wir wollten eigentlich nur eine Saison bleiben. Aber dann haben wir uns in Sylt verliebt, sind heimisch geworden", erzählt Ulrich König.

Unter der Leitung des Gastronomenehepaares hat sich die „Weststrandhalle" bei unzähligen Besuchern und Insulanern zu einer festen kulinarischen Institution entwickelt. Wäre nicht das Meer vor der Haustür, könnte man glauben, in einer Skihütte zu sitzen.

Kulinarisch begeistert der Gastgeber sein Publikum immer wieder. Der Renner im Haus ist der zart gekochte Tafelspitz mit frischem Blattspinat, Apfelkren, kalter Schnittlauchsauce und gerösteten Kartoffeln. „Wenn die Gäste loben, der schmeckt besser als in Österreich, dann sind wir zufrieden", freut sich Ulrich König. Liebhaber der süßen Küche sitzen glücklich vor Palatschinken oder echten Salzburger Nockerln. Darüber hinaus offeriert Ulrich König hervorragende Weine österreichischer Topwinzer und natürlich hält er engen Kontakt zu seinem Landsmann Martin Schachner. Der führt in Westerland ein Weinhaus.

Gastgeber: Ulrich
und Gertrude König
Weststrand, 25992 List
Tel.: 0 46 51 / 87 02 66
Fax: 0 46 51 / 87 12 00
koenig@list-sylt.de
Öffnungszeiten Küche:
11.30 – 22.00 Uhr
Kreditkarten: American
Express, Mastercard,
EC-Karte, Visa

Alpenländisches Flair auf Sylt: die Weststrandhalle.

Ein Genuss in der Weststrandhalle:
Sylter Lammkarree mit grünen Bohnen,
Paprika und Speck in Rotweinsauce.

# MORSUM KLIFF

## AN DER ÖSTLICHSTEN SPITZE SYLTS

Kinder, wie die Zeit vergeht! Nun ist es schon fast fünf Jahre her, dass das Hoteliersehepaar Renée Kreis und Rudolf Schwenn eine der privilegiertesten gastronomischen Adressen der Insel übernommen hat. Privilegiert vor allem wegen der einzigartigen Lage an der östlichsten Spitze Sylts. Umgeben von nichts anderem als der Weite des Wattenmeeres und der wildromantischen Dünenlandschaft, thront das reetgedeckte Anwesen in herrlicher Alleinlage über dem Morsumer Kliff. Aufgrund der Traumlage schreibt das Haus schon eine lange Geschichte als beliebtes Ausflugsziel, an die das engagierte Ehepaar beherzt angeknüpft hat.

Sein kulinarisches Portfolio besticht durch Vielschichtigkeit und orientiert sich ganz an den Bedürfnissen der Gäste – von der ausgiebigen Frühstückskarte über herzhafte regionale Spezialitäten und hausgebackene Kuchen bis zum anspruchsvollen Viergangmenü am Abend.

Das war auch der Grund, warum das Angebot des Hauses um eine stilvolle Bar erweitert wurde. Anspruchsvollen Sylt-Liebhabern, denen es an der Westküste zu trubelig zugeht und die eher die leisen Töne bevorzugen, fehlte bisher ein kommunikativer Treff im Osten der Insel. Ein Ort, wo man in informellem Rahmen mit Freunden oder zu zweit einfach nur ein frisch gezapftes Bier oder ein gutes Glas Wein genießen kann.

Diese Lücke füllt seit Februar dieses Jahres die Bar in der urgemütlichen Kaptains Stuuv – egal ob man sich an der Theke auf die Kulinarien aus der Küche von Bernhard Büdel einstimmt oder nachher zum „Absacker“ bleibt. Denn die Kunst des Küchenchefs, der sich wie kein Zweiter auf die Grätsche zwischen

Das Morsum Kliff besticht mit einem extravaganten kulinarischen Portfolio.

Am besten lernt man die unverkrampfte, trotzdem sehr professionelle Gastlichkeit des Hauses in einem der zehn großzügigen Zimmer kennen – ungestörter Blick aufs Wattenmeer inklusive.

Inhaber: Renée Kreis
und Rudolf Schwenn
Nösistig 13
25980 Morsum
Tel.: 0 46 51 / 83 63 2 - 0
Fax: 0 46 51 / 83 63 2 - 36
info@hotel-morsum-kliff.de
www.hotel-morsum-kliff.de
Öffnungszeiten Küche:
10.00 – 22.00 Uhr
Vorspeisen: 7 – 12,50
Euro Hauptspeisen: 11,50
– 19,50 Euro, Zimmerpreise 120 – 260 Euro
Kreditkarten: EC-cash

bodenständigen Leckereien, regionalen Genüssen und den Klassikern der großen Küche versteht, ist der Grund, warum es immer mehr Gäste ans Morsum Kliff zieht. Die Karte bietet für jeden Geschmack, jeden Anlass und jede Gelegenheit den richtigen Genuss und das von morgens zehn bis abends zehn.

HOTEL DE ROME | BERLIN
Duckstein
Duckstein
Rotblondes Original
Auf Buchenholz gereift
BIER BEWUSST GENIESSEN.
DIE DEUTSCHEN BRAUER.
n einer erstklassigen Bar verbinden sich
Genuss, Atmosphäre und Design zu einem
exklusiven Moment. Genießen Sie diesen
mit einem einzigartigen Bier, dessen spe-
ielles Brauverfahren, erlesene Zutaten
nd sanfte Reifung auf Buchenholz eine
otblonde Bierspezialität entstehen lassen:
n Duckstein.
Zu Hause in den besten Bars.

# FÄHRHAUS SYLT

## PAPES STERNEGEKRÖNTE KÜCHENKUNST

Seit seiner Eröffnung 1999 ist das Hotel zu einer der angesagtesten Adressen auf der Nordseeinsel avanciert. Von der Architektur über die Wohnkultur und Küchenkunst bis zum Service und Dienstleistungsangebot kommt der Gast in den Genuss jeder Annehmlichkeit. Um dem Urlauber einen noch exklusiveren Rahmen zu bieten, wurde das Fünf-Sterne-Superior-Hotel um einen modernen Anbau vergrößert. Durch die Erweiterung entstanden 19 neue Gästezimmer und Suiten, ein Tagungsraum, ein Fitnessbereich und eine Bibliothek. Ein weiteres Highlight: das sehr private, 600 Quadratmeter große Fährhaus Spa mit seinem vielseitigen Wellness-, Massage- und Kosmetikangebot. Für die französische Gourmetbibel Gault Millau ist Küchenchef Alexandro Pape der diesjährige kulinarische Aufsteiger in Schleswig-Holstein. Der „besser denn je und überraschend mutig kochende" Pape wurde mit 17 Punkten bewertet. Vom Guide Michelin wird der Herdvirtuose bereits seit 2002 mit einem Stern geadelt. Wer dem Meister in die Töpfe schauen möchte, bucht einen Gourmetkochkurs. Restaurantleiterin und Sommelière Inga Mühlenbrock und ihr Team bezaubern mit einem erfrischenden Service sowie einer kompetenten Weinberatung.

Geschäftsführer:
Gerhard Pohl
Heefwai 1, 25980
Munkmarsch / Sylt-Ost
Tel.: 0 46 51 / 93 97-0
Fax: 0 46 51 / 93 97-10
info@faehrhaus-sylt.de
www.faehrhaus-sylt.de
Öffnungszeiten Küche:
Käpt'n Selmer Stube
11.30 – 22.00 Uhr
Restaurant Fährhaus
18.00 – 21.30 Uhr
Ruhetage Fährhaus:
Mitte September bis Mitte Juli: Montag – Dienstag, sonst nur montags, Zimmerpreise: je nach Saison und Kategorie 212 – 344 Euro, Suiten 290 – 1186 Euro, inklusive Frühstück, Kreditkarten: Amex, Visa, Mastercard, EC-cash

Frische Qualitätsprodukte sind das A und O von Alexandro Papes Cuisine.
Viele seiner Kräuter zieht und erntet er selber.

# RESTAURANT COAST

## JUNGES TEAM IN TRADITIONELLEM FRIESENHAUS

Am 1. April 2004 übernahmen der Hamburger Jan Hendrik Rose und seine Frau Carina das Restaurant Coast. Mit viel Schwung verliehen sie dem traditionellen Friesenhaus optisch und kulinarisch frischen Glanz. Der Inhaber verrät: „Nicht nur Möbel, auch das Team haben wir ausgetauscht. Wir sind jetzt eine junge, hochmotivierte Mannschaft." Zu ihr gehört Küchenchef Sven Dahl. „Land und Meer haben hier so viel zu bieten, da muss ich keine Ware importieren", erklärt der Küchenchef. Unter seinen Händen werden aus den heimischen Produkten höchst geschmackvolle Köstlichkeiten. Zum Beispiel Sauerbraten vom Galloway-Rind mit Blattspinat, Ziegenkäse und knuspriger Jakobsmuschel. Jeden Morgen gibt es frische Austern Sylter Royal auf Eis mit Chesterbrot und Zitrone. Bei schönem Wetter lockt der Terrassengarten mit Miniteich und Wasserfall zum Speisen im Freien. Gäste, die die rund 130 Positionen umfassende Weinkarte des „Coast" näher studieren (und probieren) möchten, vermittelt Jan Hendrik Rose zauberhafte Luxussuiten und Appartements im angeschlossenen Landhaus Rantum. Seine Leidenschaft, weltweit Weingüter zu besuchen, muss der Gastronom in der nächsten Zeit zurückstellen: Jetzt fordert Söhnchen Frederik neben dem „Coast" seine volle Aufmerksamkeit.

Inhaber:
Jan Hendrik Rose
Stiindeelke 1
25980 Rantum
Tel.: 0 46 51 / 15 51
Fax: 0 46 51 / 2 10 96
info@restaurant-coast.de
www.restaurant-coast.de
Öffnungszeiten Küche: 9.00 – 17.00 Uhr, 18.00 – 22.00 Uhr, Speisenpreise: 22,50 – 64 Euro
Kreditkarten: EC-Karte
Internet: www.Landhaus-Rantum.de
Luxushäuser: ab 185 Euro, Ferienwohnung: ab 110 Euro und Hotelzimmer: ab 78 Euro

an Hendrik Rose und sein Küchenchef Sven Dahl mit ihren Sylter Lieferanten
Dörte Dethlef, Kai Petersen und Bine Pöhner.

# DORINT SÖL'RING HOF

## „NUR AUS UND MIT LEIDENSCHAFT KANN DIE KOCHKUNST EXISTIEREN"

In der offenen Landhausküche seines Restaurants ist der Gastgeber und Koch Johannes King ganz in seinem Element. „Kochen ist ein Handwerk, das mit Bedacht und Verstand Höchstleistungen hervorbringen kann", schreibt er in seinem ersten Kochbuch, das im Frühjahr 2007 erschienen ist. Dass King sein Handwerk mehr als gut beherrscht, lassen nicht nur die beiden Michelin-Sterne vermuten, die ihm seine meisterlichen Kreationen eingebracht haben. Umrahmt werden die Köstlichkeiten von rund 850 Spitzenweinen aus dem eigenen Weinkeller.
Betrachtet man den Söl'ring Hof in seiner Gesamtheit, so erschließt er sich dem Gast als ein Ort mit Stil, klassischer Eleganz, aber durchaus auch mit modernem Design. Mit nur fünfzehn Zimmern und Suiten bleibt die Atmosphäre jederzeit nobel und sehr privat.
Vor allem die Ruhe und die herrliche Naturlage in den Rantumer Dünen bescheren dem exklusiven Hotel viele Stammgäste. Zum individuellen Erholungsprogramm gehört außerdem eine kleine, feine Wellness-Oase mit verschiedenen Saunen und einem Massageangebot der Extraklasse. Auch Golfer, Reiter und Tennisspieler kommen im Söl'ring Hof auf ihre Kosten.

Gastgeber: Johannes King & Claudia Reichelt
Am Sandwall 1
25980 Rantum
Tel.: 0 46 51 / 83 62 00
Fax: 0 46 51 / 8 36 20 20
www.soelring-hof.de,
www.sylt-chauffeur.de
Öffnungszeiten Restaurant: ab 18.30 Uhr
Speisenpreise: 29 – 46 Euro, Ruhetag: Sonntag
Zimmerpreise: 345 – 995 Euro inkl. Frühstück
Kreditkarten: American Express, Diners Club, Eurocard, Visa

Der Söl'ring Hof – ein Landhotel
inmitten der grandiosen Dünenlandschaft Rantums.

Hochköstliches aus Johannes Kings Sterne-Küche: Sylter Meeräsche mit Blaumuscheln, Queller und Wattschnecken.

# HUS IN LEE

## IM SCHUTZ DER RANTUMER DÜNENKETTE

Unmittelbar hinter der schwungvollen Rantumer Dünenkette schmiegt sich windgeschützt das reetgedeckte Hus in Lee in die Landschaft. Die schmucke Friesenkate aus den Anfängen des letzten Jahrhunderts lädt in die gemütlich rustikalen Stuben ihres Restaurants oder in den großen wallumsäumten Terrassengarten davor. Ab 10.00 Uhr kehren die begeisterten Gäste von Alexander Blume hier ein, denn das Frühstück, das man dort ganztägig bis 22.00 Uhr genießen kann, ist ein echter Bestseller des Hauses. Ob großer oder kleiner Hunger, die durchgehend warme Küche offeriert vom typischen Matjes nach Hausfrauenart bis zum Lammkarree auf Ratatouille köstliche Gerichte für jeden Geschmack. Hausgebackene Kuchen und Waffeln locken zur Kaffeezeit und abends, wenn das Hus in Lee sich in romantischen Kerzenschein taucht, lässt man sich Schmankerl wie Surf & Turf munden. Stilvolle Begleitung finden die Zubereitungen aus dem gut sortierten Keller des Hausherrn. Rund zweihundert verschiedene Etiketten aus aller Welt sorgen für abwechslungsreichen Hochgenuss. Kleine Gäste erwartet im familienfreundlichen Restaurant eine eigene Kinderkarte sowie ein Spielplatz. Und wer am Ort dieser vielen lukullischen Freuden ein Urlaubsdomizil sucht, dem vermietet Alexander Blume gern eines seiner beiden behaglichen Landhaus-Appartements.

Gastgeber:
Alexander Blume
Hörnumer Straße 26
25980 Rantum
Tel.: 0 46 51 / 2 15 89
Fax: 0 46 51 / 2 93 34
hus-in-lee@rantum.de
www.hus-in-lee.de
Öffnungszeiten Küche: durchgehend 12.00 – 22.00 Uhr, Ruhetag: Dienstag (nur von November bis Februar)
Geschlossen: 25. 11. – 25. 12. 2007, Zimmerpreise: 75 – 125 Euro
Kreditkarten: EC-card

Sylt-Atmosphäre, wie sie sein soll: stimmungsvolles Tafelszenario.
Immer wieder ein Genuss: Surf & Turf.

# SANSIBAR

## FOREVER MEGA-IN

Wer Sylt besucht und nicht mindestens einmal in der Sansibar vorbeischaut, hat die Insel nicht gesehen. Das zumindest ist die einstimmige Meinung der ungezählten Fans dieses außergewöhnlichen Szene-Restaurants inmitten der einzigartigen Dünenlandschaft Rantums. Kein Zweifel, die Sansibar ist mega-in. Woran liegt es? An einem der freundlichsten und professionellsten Service-Teams der Insel? Am konstant hohen Niveau der Küche? An der exponierten Naturlage? Alles Gründe, mit denen diese Szene-Location punktet. Der Hauptgrund jedoch ist nach wie vor Herbert Seckler, der Wirt, den die Gäste so lieben, das Herz der Sansibar und auch ihr Erfinder. Der gebürtige Schwabe versteht es wie kein anderer, mit seinen Gästen zu schwätzen, ihnen das Gefühl zu vermitteln, herzlich willkommen zu sein. Und noch etwas macht die Sansibar so unvergleichlich: ihre Weine. Denn Herbert Secklers Leidenschaft und die seines Partners im Weinhandel Michael Hamann gehört den edlen Rebsäften. Rund 1400 Weinpositionen schreibt die Karte. Wer jetzt denkt, nur Liebhaber vinophiler Genüsse kommen in der Sansibar auf ihre Kosten, irrt. Denn mit einem frisch gezapften König Pilsener munden deftige Spezialitäten wie das T-Bone-Nebrasca-Steak mit Ofenkartoffel und Kräuterquark besonders gut. Gern genießen passionierte KöPi-Fans nach einem Strandspaziergang dieses köstliche Bier auch auf der Terrasse oder lassen nach einem exzellenten Menü den Abend damit ausklingen.

Inhaber: Herbert Seckler
Strand Sansibar
25980 Rantum
Tel.: 0 46 51 / 96 46 46
Fax: 0 46 51 / 96 46 47
www.sansibar.de
Öffnungszeiten Küche:
10.30 – 23.00 Uhr
Ruhetag: keiner, Kreditkarten: EC-Karte, American Express, Mastercard

Zum T-Bone-Nebrasca-Steak mit Ofenkartoffel und Kräuterquark mundet ein köstlich frisches, gezapftes König Pilsener.

# HOTEL WATTHOF

## GENUSSVOLLE RUHE MIT EINZIGARTIGEM FLAIR

Ein weißes Friesenhaus mit Reetdach. Schon von weitem verbreitet das Hotel Watthof einladende Gemütlichkeit. Es trägt seinen Namen zu Recht: nur 50 Meter vom Watt entfernt liegt das Haus direkt am Deich. Alle 35 Zimmer und Suiten haben Wattblick und bei klarem Wetter sind sogar die Nachbarinseln Föhr und Amrum zu sehen. „Dieses Haus wird mit Liebe geführt. Außerdem hat es die schönste Lage von Sylt", schwärmt der braungebrannte Gast, der mehrmals jährlich zum Surfen nach Sylt kommt und selbstverständlich immer im Watthof wohnt. Seinen Namen möchte er nicht nennen. Werbebranche. „Unsere Gäste schätzen die Diskretion und die familiäre Atmosphäre des Hauses", erklären die Gastgeber Uwe Buddemeyer und Ulrike Terjung. Auch verwöhnte Gaumen kommen im hauseigenen Restaurant „Schaper's" auf ihre Kosten. Küchenchef Elmar Otto überzeugt mit einer mediterranen Küche, die er mit regionalen Produkten kombiniert. Hausherr Uwe Buddemeyer präsentiert sich dazu als versierter Sommelier. Unübersehbar: seine Liebe zu Italien und zu Winzern und deren Weinen, die auf der Insel sonst nirgendwo zu haben sind. Eine Besondereit ist das „friesischste aller Frühstücke", serviert bis 12.00 Uhr. Entspannung für Körper und Seele finden Gäste im Pool sowie in der schönen hauseigenen Sauna.

Inhaber:
Uwe Buddemeyer
und Ulrike Terjung
Alte Dorfstraße 40
25980 Rantum
Tel.: 0 46 51 / 80 20
Fax: 0 46 51 / 8 02 22
info@watthof.de
www.watthof.de
Öffnungszeiten Küche:
14.00 – 22.30 Uhr,
nachmittags Kaffee und
Kuchen, Hauptspeisen
von 18 – 24 Euro
Ruhetag „Schaper's":
Dienstag, Zimmer-
preise: 125 – 405 Euro
Kreditkarten: Visa,
Mastercard, EC-Karte

Hier – in der Stille des Rantumer Beckens –
genießt man Urlaub wie im Bilderbuch.

# LANDHAUS STRICKER

## „ICH WÜRDE GERNE AUCH EINEN STERN AN MEINE GÄSTE VERGEBEN“

Immer einen lockeren Spruch auf den Lippen, so kennt man ihn, Holger Bodendorf, den Gastgeber und Cuisinier des Landhauses Stricker, der seine Gäste immer wieder auf's Neue begeistert. „Das Wichtigste für jeden erfolgreichen Koch waren und sind die Gäste. Ich würde gerne auch einen Stern an meine Gäste vergeben. Denn sie sind es, die mich täglich fordern und bereit sind, Neues zu probieren, aber auch extrem hohe Ansprüche an die Küche stellen“, kommentiert Holger Bodendorf seine „Landhaus-Stricker-Philosophie“. Im Gourmetrestaurant „Bodendorf's“ zelebriert er seine hochgelobte Cuisine Méditerranée. Umspielt werden die Menüs von edlen Tropfen aus dem hauseigenen Weinkeller, kredenzt von Sommelier Tom Kallenberg. Die Gastronomie des 220 Jahre alten historischen Landhauses hat viel mehr zu bieten: das Restaurant „Tenne“ sowie das heitere „Kaminzimmer“. In beiden wird eine regional-rustikale Küche serviert. Wer seinen Urlaub bei Kerstin und Holger Bodendorf verbringen möchte, quartiert sich im schmucken Fünf-Sterne-Hotel ein. 38 exklusive Zimmer und Suiten, eine Wellnessoase, die Kanebo-Beautyfarm sowie ein herrlicher Park laden zu erholsamen Mußestunden ein.

Geschäftsführer: Kerstin und Holger Bodendorf
Boy-Nielsen-Straße 10
25980 Tinnum
Tel.: 0 46 51 / 8 89 90
Fax: 0 46 51 / 8 89 94 99
info@landhaus-stricker.de
www.landhaus-stricker.de
Öffnungszeiten Küche: „Tenne“ und „Kaminzimmer“ täglich 18.00 – 22.00 Uhr, Sa. und So. auch 12.00 – 14.00 Uhr, Gourmetrestaurant „Bodendorf's“ 19.00 – 22.00 Uhr, Ruhetage im Gourmetrestaurant: Dienstag und Mittwoch
Zimmerpreise: je nach Kategorie und Saison 130 – 630 Euro inkl. Frühstück, Kreditkarten: Visa Amex, Diners, Eurocard

Warm und sehr behaglich, elegant und wohnlich präsentiert sich das umgestaltete „Bodendorf's" seinen Gästen.

# RESTAURANT ZUR EICHE

## FRISCHE FARBEN, FRISCHE KÜCHE

Mit viel Geschmack, Liebe zum Detail und vor allem fröhlichen Farben gab die sympathische Wirtin des Restaurants „Zur Eiche“, Silke Jaschinski, den historischen Räumen ein frisches Ambiente. Die Wände leuchten lindgrün. Lila Holzvogelhäuschen und lebensfrohe Exponate in Öl wie der große Frosch oder die zartrosa Ente mit herrschaftlicher Krone schaffen einen perfekten Kontrast zu den gemütlichen Kissen aus Omas Wäscheschrank. 1985 hat Gastgeber Olaf Jaschinski, das traditionsreiche Familienrestaurant (erbaut 1885) vom Vater übernommen. Er pflegt eine traditionelle regionale Küche. Besonders beliebt sind die Aktionstage in der „Eiche“. So ist sonntags Haxentag, donnerstags Spareribs-Tag und jeden Dienstag (jeweils ab 18.00 Uhr) sind „die Enten los“. Natürlich kommen die knusprigen, frischen Masttiere nicht allein, werden von Apfelrotkraut und Kartoffelklößen begleitet. Wer eine leichtere Küche bevorzugt, dem bietet das junge Team um das Gastgeberehepaar auch ausgezeichnete Fischgerichte, manchmal leicht asiatisch angehaucht, an. Locker und köstlich: Dorschfilet aus dem Wurzelsud an kleinem Gemüse mit Senfrahm und gedämpften Kartoffeln. „Besonders gern wird auch der Lumb gegessen. Ein magerer Fisch, der sich von Krebsen ernährt“, weiß Olaf Jaschinski.

Inhaber:
Familie Jaschinski
Zur Eiche 38
25980 Tinnum
Tel.: 0 46 51 / 3 11 44
Fax: 0 46 51 / 93 58 12
info@zur-eiche-sylt.de
www.zureiche-sylt.de
Öffnungszeiten Küche:
12.00 – 14.00 Uhr
und 17.30 – 22.00 Uhr,
Fr., Sa., So. 11.30 – 14.00 Uhr, Speisen von 10,50 – 31 Euro
Ruhetag: Mittwoch
Kreditkarten: EC-Karte

as Gastgeberehepaar und sein Team präsentieren kulinarische Leckerbissen.

# ALTE FRIESENSTUBE

## ARCHITEKTONISCHES KLEINOD MIT VORZÜGLICHER KÜCHE

Im Herzen von Westerland und nur wenige Schritte vom quirligen Strandleben entfernt, liegt nicht nur das älteste Haus der Insel, sondern auch einer der lauschigsten Friesengärten.
Um ihren Gästen in den Sommermonaten kulinarische Open-air-Freuden zu bescheren, haben Kristin und Nico Schacht von der Alten Friesenstube im letzten Jahr viel investiert und die Zahl der Außenplätze hinter dem Friesenwall auf 60 aufgestockt. Bei schönem Wetter sitzen die Fans der Friesenstube nun zwischen blühenden Rosen und Buchs auf dem Rasen vor dem architektonischen Kleinod aus dem Jahre 1648.
An liebevoll eingedeckten Tischen lassen sie sich die Köstlichkeiten von Horst Heider schmecken, der seit fast drei Jahren das kulinarische Niveau des Hauses hochhält. Mit Bravour spannt er den Bogen zwischen regionaler Bodenständigkeit und international inspirierten Küchen-Innovationen. Und seine Kreationen überzeugen mit einer finessenreichen Dreiecksbeziehung zwischen regional, saisonal und mediterran. Seine besondere Liebe gehört den Früchten des Meeres, die er mit viel Fantasie so zubereitet, wie es ihnen am besten zusteht.
Natürlich bereitet er auch die seit Jahren beliebten Friesenstuben-Klassiker wie die Enten aus dem Rohr oder die fast schon legendäre Rote Grütze mit der gleichen Liebe zum Metier zu wie die Highlights der ständig wechselnden Tageskarte. Die konstante Beliebtheit der traditionellen kulinarischen Adresse lässt sich jedoch nicht allein mit der Kunst der Küche erklären, sondern mit der unverwechselbaren Mischung aus erstklassiger Küche, engagiertem Service und dem

Ein langjährig eingespieltes Team: die Gastgeber Kristin Hellner-Schacht und Nico Schacht mit ihrem Küchenchef Horst Heider.

Hier lebt der Charme vergangener Zeiten wieder auf: im liebevollen Ambiente der Alten Friesenstube.

Inhaber: Familie
Schacht, Gaadt 4
25980 Westerland
Tel.: 0 46 51 / 12 28
Fax: 0 46 51 / 2 99 42 41
altefriesenstube
@t-online.de
www.altefriesenstube.de
Öffnungszeiten Küche:
18.00 – 22.30 Uhr
Ruhetag: Montag
(auch in der Saison)
Kreditkarten: EC-cash

wirklich einzigartigen Ambiente des schmucken Friesenhauses, das sich mit seinen alten Kapitänsbildern, den antiken Böden und den historischen, handgefertigten Delfter Fliesen an den Wänden wie ein Schmuckkästchen traditioneller friesischer Wohnkultur präsentiert.

CUVÉE
Riesling Sekt
TROCKEN
ANLASS GENUG.
Fürst von Metternich
RIESLING SEKT – FÜRSTLICH GENIESSEN
FÜRST VON METTERNICH RIESLING SEKT GIBT ES IN DEN CUVÉES TROCKEN,
TRA TROCKEN UND BRUT JAHRGANG · WWW.FUERST-VON-METTERNICH.COM

# HARDY AUF SYLT

## ELSÄSSISCHES SAVOIR-VIVRE

Adressen, wo die Traditionen der Elsässer Regionalküche noch mit richtigem Leben gefüllt werden, findet man nicht nur im Land des Coq au Riesling, der Choucroute und des Baeckeofe, sondern auch hoch im Norden, genauer gesagt in Westerland auf Sylt.
Die Rede ist von Hardy auf Sylt, eine Sylter Institution, die von dem gebürtigen Elsässer André Speisser und seiner Frau Suzanne seit über zwanzig Jahren auf Kurs gehalten wird.
Die urgemütlichen Stuben des auffälligen Rundsteinbaus an der Norderstraße (im Sommer natürlich auch die lauschige Terrasse) bilden das stimmungsvolle Umfeld für die authentisch elsässischen Zubereitungen aus der Küche, wo André Speissers Chefkoch Oliver Saar schon seit 15 Jahren wirkt. Froschschenkel in Riesling, Entenconfit mit Elsässer Sauerkraut und Kartoffelpüree oder ein Stubenküken frisch aus dem Ofen und dazu ein offen ausgeschenkter Riesling oder Gewürztraminer. Immer eine Mahlzeit wert sind aber auch andere Hardy-Klassiker, ob französisch, ob inselregional, vom Deichlammrücken, mit Rosmarin gebraten, bis zum Pfefferfiletsteak mit grüner Pfeffersauce und Kartoffelgratin.
Apropos Wein. Die Weinkarte entspricht den Ambitionen der Küche und zeigt sich nicht nur bei den zahlreichen Elsässer Tropfen überaus fair kalkuliert. Das liegt daran, dass der Patron es liebt, bei den Winzern selbst einzukaufen.

Inhaber:
André Speisser
Norderstraße 65
25980 Westerland / Sylt
Tel.: 0 46 51 / 2 27 75
Fax: 0 46 51 / 2 95 20
Andre.speisser
@t-online.de
www.hardyaufsylt.de
Öffnungszeiten Küche:
18.00 – 23.30 Uhr
Ruhetag: Montag
Kreditkarten: EC-Karte

ringen elsässisches Savoir-vivre auf die Insel: André und Suzanne Speisser.

# IL RISTORANTE

## PIAZZA-FLAIR IN WESTERLAND

Authentische und ehrliche Cucina italiana, familiäre und unkomplizierte Gastlichkeit, fröhliches südländisches Ambiente und eine Terrasse, die es jedem leicht macht, sich in den Süden zu träumen. Das sind die Zutaten für das Erfolgsrezept des Il Ristorante im Herzen Westerlands.

Persönlich wird man vom Hausherrn Antonio Kabbani begrüßt und an einen der schmuck eingedeckten Tische geleitet. Das Angebot wechselt ständig und hält zu jeder Saison ganz besondere Köstlichkeiten bereit. Absolutes Must im Il Ristorante ist die große Auswahl hausgemachter Antipasti, die sich in der großen Vitrine als wahre Augenweide präsentiert. Ansonsten überzeugen die Zubereitungen durch ihre Ehrlichkeit und Authentizität. Egal ob Fisch oder Fleisch – alle Zutaten werden so zubereitet, wie es ihrem Eigengeschmack am besten zukommt. Die großen Mittelmeerfische, ein Loup de mer oder das Rinderfilet werden deshalb auf dem Grill gegart. Dass die Küche ausschließlich beste Qualität verwendet, versteht sich für Antonio Kabbani fast von selbst. Nicht verwunderlich also, dass die Pizzen zu den besten der Insel zählen und die Pasta natürlich hausgemacht und vom Feinsten ist. Feinschmeckerherz, was willst du mehr? Natürlich einen guten Tropfen. Und da glänzt das Il Ristorante mit edlen Weinen aus bekannten Anbaugebieten der Apenninenhalbinsel, aber auch von kleinen innovativen Winzern.

Inhaber:
Antonio Kabbani
Boysenstraße 3
25980 Westerland
Tel.: 0 46 51 / 29 96 62
oder 49 51
Fax: 0 46 51 / 8 35 61 65
info@il-ristorante.de
www.il-ristorante.de
Öffnungszeiten Küche:
12.00 – 23.00 Uhr
Ruhetag: keiner, Speisenpreise: 12 – 25 Euro
Kreditkarten: EC-cash

onio Kabbani und sein Team freuen sich über die Neugestaltung der Terrasse, die jetzt mehr denn je südländisches Piazza-Flair verbreitet.

# HOTEL & RESTAURANT JÖRG MÜLLER

## DAUERHAFT STRAHLENDES „NORDLICHT“

In Deutschlands hohem Norden ist er so etwas wie der kulinarische Fels in der Brandung, unerschüttert in seiner Beständigkeit, verlässlich in dem Bestreben, seine Fangemeinde immer wieder aufs Neue zu überraschen und zu begeistern. Die Rede ist von Jörg Müller, der vor 24 Jahren auf die Insel kam und seither ununterbrochen von Sternenglanz bestrahlt wird. Der gebürtige Freiburger, der zuweilen etwas wortkarg erscheint, bei genauerem Hinsehen aber einen herzerfrischenden, pointierten badischen Humor besitzt, hat sein Handwerk von der Pike auf gelernt. Schon in jungen Jahren wurde er Küchenchef der berühmten „Schweizer Stuben“ in Wertheim und kochte sich mit zwei Michelin-Sternen in die Elite seiner Zunft.

Heute ist Jörg Müller ein Mann in den besten Jahren und noch immer besitzt er diese Leidenschaft, dieses kreative Potenzial, diesen Biss – Attribute, die für seinen Erfolg im Beruf stehen. Mit dem Restaurant Jörg Müller hat der Badenser in Westerland einen Gourmettempel etabliert, dessen kulinarisches Konzept auf einer meisterlich regionalen, zuweilen international orientierten, badischen Einflüssen nicht abgeneigten Cuisine beruht. Das Ambiente ist elegant und gibt sich außerordentlich großzügig. Gäste, die es gern etwas rustikaler lieben, nehmen in Jörg Müllers zweitem Restaurant, dem „Pesel“, Platz.

Die Weinkarte mit ihren 1200 Positionen bietet wirklich zu jedem Gericht und jedem Anlass den richtigen Tropfen. Sie wurde vom „Wine Spectator“ mit dem

Dauerbrenner unter Sylts ersten Gourmetadressen:
Jörg Müllers Restaurant in Westerland.

Grand Award als eine der besten Weinkarten der Welt ausgezeichnet. Sommelier Horst Ulrich Höhne überzeugt mit großem Weinverstand und einem perfekten Weinservice. Bei Jörg und Barbara Müller können Gäste aber nicht nur exzellent speisen, sondern auch ebenso gut logieren. Ihr angeschlossenes Privathotel mit 22 zauberhaften Zimmern und Suiten bietet den Komfort, den anspruchsvolle Reisende erwarten. Nach einem erlebnisreichen Tag entspannt man im exklusiven Wellnessbereich mit Finnischer Sauna, Dampfsauna, Kleopatrabad, Solarium und Ruheraum oder genießt eine Massage.

Süderstraße 8
25980 Westerland
Tel.: 0 46 51 / 2 77 88
Fax: 0 46 51 / 20 14 71
Hotel-Joerg-Mueller
@t-online.de
www.Hotel-Joerg-Mueller.de
Öffnungszeiten Küche: Restaurant Jörg Müller: Di. – So. 18.00 – 23.00 Uhr, Ruhetag: Montag, Öffnungszeiten Restaurant Pesel: Mi. – So. 12.00 – 14.00 Uhr und 18.00 – 23.00 Uhr Ruhetage: Montag und Dienstagmittag, Zimmerpreise: 148 – 320 Euro, Kreditkarten: Visa Amex, Diners, Eurocard

Rosé
Die Leichtigkeit des Seins
WWW.DEUTSCHEWEINE.DE

# MALLORCA STORE

## GENUSS AUF GANZER LINIE

Mallorca und Sylt, zwei Inseln, zwei Welten, zwei Ziele für ein anspruchsvolles Publikum. Warum nicht positive Synergien nutzen, dachten sich Michael und Sabine Kämper und eröffneten zusammen vor zwei Jahren den Mallorca Store in Westerland. Bereits die architektonische Komponente, eine gestaltete Antikfassade im morbiden Palma-Style, stellt das Motto „Kunst und Genuss“ in den Mittelpunkt.

Die rundum gelungene Melange aus Vinothek, Galerie und Wohnboutique spricht den Weinliebhaber ebenso an wie den Sammler nicht alltäglicher Objektkunst.

Michael Kämper offeriert seinen Kunden rund dreihundertachtzig verschiedene mallorquinische Weine, gut vertreten darunter sind natürlich die Top-Weingüter der Baleareninsel wie Castel Miguel, Macià Batle oder Anima Negra. Ergänzend dazu gibt es ein kleines exquisites Feinkostangebot – Flor de Sal, Oliven in Salzlake, Rosmarin-honig, Olivenöle der Bodegas „Castell Miguel“ sowie Spirituosen.

Urlaubsstimmung ganz anderer Art und die Leichtigkeit des Seins vermitteln die Glaskunst der Brüder Borowski und die wunderschönen Lichtojekte verschiedener Künstler. Wechselnde Kunstausstellungen mit südlichem Flair sowie zauberhafte mediterrane Bett- und Tischwäsche von Bassetti im Accessoire-Bereich komplettieren das Angebot.

Friedrichstraße 17
25980 Westerland
Tel.: 0 46 51 / 44 94 53
Fax: 0 46 51 / 44 94 47
info@mallorcastore.com
www.mallorcastore.com
Öffnungszeiten: Juni bis Oktober täglich 10.00 – 21.00 Uhr; November bis Mai 10.00 – 19.00 Uhr, sonntags geschlossen
Kreditkarten: American Express, Diners Club, Mastercard, Visa

Die schönen Dinge des Lebens genießen, diesem Credo folgen
Michael und Sabine Kämper mit ihrem Mallorca Store.

# HOTEL MIRAMAR

## IN DER ERSTEN REIHE

Die Mischung aus nostalgischer Grandhotelatmosphäre, noblem Service, zeitgemäßem Komfort und dazu eine der besten Lagen der Insel zieht anspruchsvolle Gäste seit über einem Jahrhundert in das familiengeführte Nobelhotel „Miramar".

Damit das auch in Zukunft so bleibt, sind Nicolas und Christiana Kreis, die das Hotel in vierter Generation leiten, stets darauf bedacht, den besonderen Charakter ihres Hauses zu erhalten. So gehört ein Besuch der Terrasse, die einen freien Blick über die Nordsee und den breiten weißen Strand bietet, zu den schönsten Momenten eines Sylt-Urlaubs – besonders dann, wenn die Sonne glutrot im Meer versinkt. Das ist ein Schauspiel, das auch den Besuch des Restaurants, in dem seit vielen Jahren Küchenchef Horst Warnkes täglich wechselnde Menüs und À-la-carte-Spezialitäten serviert werden, zum stimmungsvollen Event erhebt.

Natürlich ist man auch den Rest des Tages im Miramar bestens aufgehoben. Zum einen wegen der komfortablen Logis. Zum anderen wegen des exklusiven Wellnessbereiches mit Badelandschaft, Whirlpool, Saunen, Dampf-Relax-Grotte, herrlichem Ausblick auf die Meeresbrandung und dem Maria-Galland-Beautysalon. Und last, but not least wegen der Familienfreundlichkeit, die weit über das separate Spielzimmer und die unmittelbare Nähe zum Strand hinausgeht.

Inhaber: Familie Kreis
Friedrichstraße 43
25980 Westerland
Tel.: 0 46 51 / 85 50
Fax: 0 46 51 / 85 52 22
info@miramar-sylt.de
www.hotel-miramar.de
Öffnungszeiten Küche:
12.00 – 14.30 Uhr
und ab 18.00 Uhr
Ruhetag: keiner
Zimmerpreise von 131 – 715 Euro inkl. Frühstück
Kreditkarten: American Express, Diners Club, Eurocard, Visa

Seit mehr als einem Jahrhundert thront das Hotel Miramar
in erster Reihe auf den Stranddünen von Westerland.

# HOTEL STADT HAMBURG

## MIT LUXUS UND STIL ZUM „JAWORT“

Alles, was das gute Leben Sylts seit jeher anzubieten hat – wie die Wärme kultivierter Gastfreundschaft, anspruchsvolle Wohnkultur und kulinarische Finessen –, fügt sich im Hotel Stadt Hamburg zu einem harmonischen Ganzen. Seit seiner Eröffnung im Jahre 1869 eine der ersten Adressen der Insel, wird das Refugium heute von Moni und Harald Hentzschel bereits in dritter Familiengeneration geführt.

In dem luxuriösen Traditionshaus verbinden sich die mit viel Stilgespür ausgewählten Interieurs mit hanseatischer Eleganz und englischem Landhausflair. Auch für Paare, die den schönsten Tag des Jahres auf der Frieseninsel verleben wollen, bietet das Hotel Stadt Hamburg direkt gegenüber dem Standesamt von Westerland den perfekten Rahmen – zumal auch die Darbietungen aus Küche und Keller erstklassig sind.

Für die feinen Kulinarien aus der Küche sorgt Ulrich Person, der klassisch-französische Akzente mit fantasievollen mediterranen Inspirationen und regionalen Einflüssen mischt.

Elegant zeigt sich das stilvolle Gourmetrestaurant mit seinen angegliederten Stuben, während das Bistro mit heiter-sonnigem Ambiente überzeugt. Eine Oase der Entspannung: das neue, im asiatischen Kolonialstil gestaltete Qiara Spa, das mit Wohltuendem für *body and soul* verwöhnt.

Inhaber:
Harald Hentzschel
Strandstraße 2
25980 Westerland
Tel.: 0 46 51 / 85 80
Fax: 0 46 51 / 85 82 20
www.hotelstadthamburg.com
mail@hotelstadthamburg.com
DZ 165 – 310 Euro,
Suiten 360 – 520 Euro
Kreditkarten: Amex, Visa, Mastercard, Diners Club

Zählt schon seit drei Generationen zu den feinsten Adressen der Insel:
das Relais-&-Châteaux-Haus Hotel Stadt Hamburg.

# HOTEL UTHLAND

## PRIVAT, PERSÖNLICH, POPULÄR

Ein Hotel im Herzen Westerlands, trotzdem ruhig, klein und fein, mit familiärer Wohlfühlatmosphäre – Wünsche, die das Hotel Uthland seinen Gästen erfüllt. Das ansprechende Backsteingebäude mit dem liebevoll angelegten Garten im Kurviertel der Inselhauptstadt ist ein Ganzjahresziel mit besonderem Charme. Den versprühen in erster Linie Gastgeberin Janette Schaefer und ihr freundliches Mädel-Team. „Wir sind ein echtes ‚Frauenhaus'", scherzt die engagierte Hotelfachfrau, „haben immer ein offenes Ohr für die Befindlichkeiten unserer Gäste. Und das kommt an." Mit nur 16 Zimmern, die in ihren frischen Farben und den warmen Holztönen ihres Mobiliars sehr heimelig wirken, gewährt das beliebte Vier-Sterne-Quartier eine betont private Atmosphäre. Sicher ein Grund, der die vielen Stammgäste erklärt. Auch das erstklassige Frühstücksbüfett mit seiner reichen Auswahl an Fisch und Salaten trägt zum Wohlfühlkonzept des Hotels garni bei. Wenn es der Wettergott gut meint, locken die Strandkörbe in den bunt bepflanzten Garten, und wenn nicht, dann erholt man sich eben in der gemütlichen Sauna. Abends ist die kleine Bar im Foyer des Uthland beliebter Treffpunkt für die Gäste. Wer gerne im eigenen Appartement logiert und auf Hotelservice trotzdem nicht verzichten möchte, quartiert sich in einer der Ferienwohnungen ganz in Hotelnähe ein.

Inhaberin:
Janette Schaefer
Elisabethstraße 12
25980 Westerland
Tel.: 0 46 51 / 98 60 00
Fax: 0 46 51 / 98 60 60
info@hoteluthland.de
www.hotel-uthland.de
Zimmerpreise je nach Saison EZ 80 – 130 Euro, DZ 140 – 200 Euro inkl. Frühstück, Appartements 50 – 150 Euro
ganzjährig geöffnet
Kreditkarten:
Mastercard, Visa

Familiäre Atmosphäre, eine ruhige, zentrale Lage und der „gute Ton“ im Hause sind die Trümpfe dieses ansprechenden Hotels.

# WEINHAUS SCHACHNER

## MIT NEUEM HAUS DER GESCHENKE

Sylt gilt als das „Weinfenster Deutschlands" – hier werden Trends erkannt und Trends gesetzt, hier werden aus (noch) unbekannten Winzern die großen Stars von morgen. Einen wesentlichen Verdienst daran trägt Martin Schachner. Der gebürtige Steirer, der sich vor fünfzehn Jahren auf der Insel niederließ, hat sich zum gefragten Trendscout und anerkannten Wein-Guru für die ansässigen Gastronomen etabliert. So hat Schachners Neugier schon viele neue Sterne am Winzerhimmel aufgehen lassen. Winzer, die dank seines Engagements zumindest in seinem Stammkundenkreis keine Unbekannten mehr sind. Robert Goldenits aus dem Burgenland oder das Weingut Salomon aus Australien sind die besten Beispiele dafür. Martin Schachners Fachwissen und das seiner kompetenten Mitarbeiter ist gefragt – bei der Sylter Spitzen-Gastronomie ebenso wie bei Weinliebhabern aus ganz Deutschland. Unbestrittenes Highlight im Sylter Weinjahr ist die Hausmesse, zu der sowohl die Etablierten als auch die Newcomer unter Schachners Entdeckungen ihre Produkte vorstellen.

Selbstverständlich können Besucher des Weinhauses die Stars des Kellers auch vorort probieren. 150 der insgesamt 1800 Positionen des Schachner-Portfolios werden übrigens im offenen Ausschank angeboten. Dazu locken herzhaft leckere Kleinigkeiten wie die original Steirische Brettljause und herzhafter Bergkäse. Sinnenfreudige Ergänzung findet das Repertoire mit exquisiten Delikatessen und über 100 vorzüglichen Bränden. Wer die Schachner-Weine auch zu Hause genießen möchte, bestellt bequem per Internet.

Weinexperten unter sich: Martin und Snezana Schachner mit Sohn Marco und ihrem exzellenten, langjährigen Spitzenteam.

Das neueste Projekt der Schachners ist das „Haus der Geschenke“, praktischerweise gleich vis-à-vis dem Weinladen. Hintergrund ist die große Nachfrage nach bereits fertig verpackten „hochprozentigen“ Geschenkideen und dekorativen Mitbringseln im Accessoirebereich. Schachners charmante Ehefrau Snezana hat hier ihr Metier gefunden und überzeugt mit einer exklusiven Auswahl an originellen dekorativen Präsenten sowie liebevollen Verpackungen. Themenschwerpunkte setzt sie jahreszeitgemäß mit zauberhaften Weihnachts- und Osterdekorationen, witzigen Saisonartikeln, ausgefallenen Duftkerzen und brillanten Dekorationen.

Inhaber:
Martin Schachner
Bismarckstraße 12
25980 Westerland
Tel.: 0 46 51 / 2 65 19
Fax: 0 46 51 / 2 15 98
info@weinhaus-schachner.de
www.weinhaus-schachner.de
Öffnungszeiten: Mo. – Fr. 10.00 – 20.00 Uhr, Sa. 10.00 – 18.00 Uhr
Ruhetag: Sonntag
Kreditkarten: American Express, Visa, Eurocard/Mastercard, EC-card

# RESTAURANT INGO WILLMS

## GRÖSSER, MODERNER, HOCHWERTIGER

Piazza-Feeling ist angesagt auf der schmucken Terrasse des Restaurants Ingo Willms, deren sonnige Plätze bereits mittags gut besucht sind. Unter dem freundlichen Blick der über allem wachenden Meerjungfrau lassen sich viele Gäste die beliebten Mittagsklassiker nach gutbürgerlicher Art munden.
Hausherr Ingo Willms, der zusammen mit Frau Rita Zauß vor sechs Jahren den Sprung in die Selbständigkeit wagte, legt gerade bei den „einfachen" Gerichten größten Wert auf hochwertige Zutaten.
Auch insgesamt gesehen hat sich die Küche des gebürtigen Bremers stetig weiterentwickelt. Sie ist noch leichter, handwerklich raffinierter und optisch nochmals ansprechender geworden. Sein Faible für die Kochtöpfe des Südens ist geblieben, wie sich unschwer an der ideenreichen Abendkarte ablesen lässt.
Seit der Saison 2007 hat Willms' Restaurants nun endlich auch eine Fensterfront zum Hineinblicken. Das Restaurant konnte großzügig erweitert werden und präsentiert seine neue Seite nun im trendigen Lounge-Bistro-Ambiente. Holz, Leder und Stein in Café-Creme- und Anthrazit-Tönen setzen einen gelungenen Kontrast zum bisherigen hellen Interieur.
Nach wie vor sehr beliebt bei Gesellschaften bis zwanzig Personen ist das Turmzimmer im Erker des Obergeschosses.

Gastgeber:
Ingo Willms
und Rita Zauß
Elisabethstraße 4
25980 Westerland
Tel.: 0 46 51 / 99 52 82
Fax: 0 46 51 / 99 51 58
Öffnungszeiten Küche:
12.00 – 14.30 Uhr und
17.30 – 22.00 Uhr
Ruhetag: Sonntag
Kreditkarten: EC-Karte

Im „Elisenhof“ unweit der Friedrichstraße zelebriert Ingo Willms seine kreative, leichte Kochkunst in noch schönerem Ambiente.

# FITSCHEN AM DORFTEICH

## GASTLICHKEIT AUS TRADITION

Vor zwei Jahren übernahmen Verena und Manfred Fitschen das traditionsreiche Restaurant Hinkfuss in Wenningstedt, gaben dem schmucken Reetdachhaus ihren guten Namen und ließen es aufwändig renovieren. Ein Schritt, den das niedersächsisch-markgräflerische Gastronomen-Ehepaar nicht bereut hat. Der wunderschöne Garten mit Blick auf den Dorfteich, das gemütliche Interieur des Hauses, der herzliche Service und natürlich immer wieder die Kochkunst des Hausherrn lockten bereits in der ersten Saison neue und alte Gäste gleichermaßen an. Wie schon zuvor im Munkmarscher Moby Dick gibt es fein Schwäbisches kombiniert mit Frischem aus der Nordseeküche. Nachmittags lassen sich die Gäste mit kleinen Schmankerln und hausgemachtem Kuchen verwöhnen. Dazu edle Tropfen aus der reichhaltigen Weinkarte.

Wer länger in dieser Oase der Ruhe verweilen möchte, dem bieten die Gastgeber im Haus 3 geschmackvoll eingerichtete Doppelzimmer und eine Suite an. „Wir sind sehr zufrieden", strahlt Verena Fitschen, freut sich darüber, dass auch Tochter Sonja die Liebe zur Gastronomie geerbt hat und eine Ausbildung zur Hotelfachfrau absolviert. „So bleibt weiterhin alles in der Familie."

Gastgeber: Verena und Manfred Fitschen
Am Dorfteich 2
25996 Wenningstedt
Tel.: 0 46 51 / 3 21 20 und 54 61
Fax:. 0 46 51 / 3 03 10
info@Fitschen-am-Dorfteich.de
www.Fitschen-am-Dorfteich.de
Öffnungszeichen Küche: 12.00 – 22.00 Uhr
Ruhetag: Dienstag (im Juli und August keiner)
DZ 100 – 140 Euro, Suite 160 – 210 Euro inkl. Frühstück
Kreditkarten: Amex, Visa, Mastercard, EC-Karte

Die Gastgeber am Wennigstedter Dorfteich: Manfred und Verena Fitschen.
Die Gourmetküche gehört zur besten der Insel.

# STRANDHÖRN GOLFHOUSE

## LUXUSAPPARTEMENTS MIT GOLFPLATZBLICK

Zwischen Braderup und Munkmarsch, inmitten naturgeschützter Heidelandschaft, vermietet Hotelier Dirk Lässig seit neuestem fünf exklusive Maisonette-Appartements. Nach Vorbild eines Boardinghouse genießen die Bewohner die Atmosphäre eines Privathauses in Verbindung mit bestem Hotelservice. Eine Wohltat: Das moderne, geradlinige Interieur-Konzept des Golfhouse, einziges Zugeständnis, ein Strandkorb pro Wohneinheit, versteckt im Garten.

Die Appartements: großer Wohnraum mit Edelstahlkamin, riesigem Flat-TV von Loewe, Minibüro mit Fax und allen wichtigen Anschlüssen, Schlafzimmer, Bad, voll ausgestattete Küchenzeile und eine schicke Holzterrasse mit Alu-Mobiliar. Im Untergeschoss ein weiteres Schlafzimmer mit Bad und Schrankraum.

Von unten hat jedes Appartement Zugang zu den Gemeinschaftsräumen. Morgens steht schon das Frühstück im Großraumkühlschrank bereit. Wer Lust hat, frühstückt im Hotel Strandhörn in Wenningstedt. Ein großer Fitnessbereich mit modernsten Geräten sowie Whirlpool und Sauna bietet weiteren Komfort. Vom sehr gepflegten Garten hat man einen super Panoramablick über die Munkmarscher Bucht und den neuen Golfplatz. Wer hier Urlaub macht, wird Luxus und Privatsphäre neu erleben.

Inhaber: Dirk Lässig
Munkhoog 53
25980 Munkmarsch
Buchungen über
Hotel Strandhörn
Dünenstraße 20
25996 Wenningstedt
Tel.: 0 46 51 / 9 45 00
Fax: 0 46 51 / 4 57 77
rezeption@
strandhoern.de
www.strandhoern.de
Preise je nach Saison
180 – 330 Euro
inklusive Frühstück

Hell, modern, edel und unverstaubt –
die neuen Luxusappartements auf dem Munkmarscher Hoog.

# HOTEL STRANDHÖRN

## MIT NEUEM RESTAURANTKONZEPT

In bevorzugter Lage von Wenningstedt lädt das traditionsreiche Hotel Strandhörn zu erholsamen Urlaubstagen ein. Mit Dirk Lässig an der Spitze, der den Familienbetrieb jetzt in zweiter Generation führt, kommt frischer Wind in das beliebte Hotel. Umsetzung findet die sanfte Verjüngungskur im neuen Restaurantkonzept des „Bistro Olive", dessen köstlich leichte, mediterran inspirierte Küche neuerdings in allen Bereichen der Strandhörn-Gastronomie aufgetischt wird: im eleganten Ambiente des Restaurants ebenso wie im lichtdurchfluteten Wintergarten, auf der Terrasse und der erst im April 2007 eröffneten Bar. So kann sich jeder Gast für seine kulinarischen Streifzüge die persönliche Lieblingslocation auswählen. Besonders reizvoll: abends taucht ein Meer von Kerzen die in Schwarz-Silber gehaltene Bar in ein mystisches Licht, Lounge-Musik trägt hinaus in die Nacht, begleitet von Cocktail-Klassikern oder hippen Drinks. Hotelgäste logieren in 29 liebevoll eingerichteten Zimmern und Suiten mit allem Komfort im Stammhaus, dem Neubau sowie zwei Dependancen. Eine Wellnesslandschaft mit Pool, Sauna, Fitness und Kosmetik- und Massageangebot macht den Urlaub im Strandhörn perfekt.

Inhaber: Dirk Lässig
Dünenstraße 20
25996 Wenningstedt
Tel.: 0 46 51 / 9 45 00
Fax: 0 46 51 / 4 57 77
rezeption@strandhoern.de
www.strandhoern.de
Öffnungszeiten Küche: 13.00 – 18.00 Uhr (Tageskarte, Kaffee und Kuchen) und 18.00 – 22.00 Uhr,
Bar ab 21.00 Uhr
Ruhetag: Mittwoch
Zimmerpreise: je nach Saison und Kategorie 90 – 395 Euro inkl. Frühstück, Kreditkarten: Amex, Diners Club, Mastercard, Visa

Mediterran, kreativ und unkompliziert gibt sich die Küche des „Bistro Olive“, die man jetzt in allen Restaurantbereichen genießen kann.

# ULENHOF RESIDENCE

## TRAUMHAFTE RELAXMOMENTE

Die Stars der schönen Residence im beschaulichen Wenningstedt sind sieben Jahre alt, Zwillingsdamen und von adligem Geschlecht. „Betty ist eindeutig die Chefmöpsin. Sie erklärt Bonny, wo's langgeht", erzählt Uwe Wittfeld schmunzelnd. Seit 1994 sind der Sylt-Fan und Reimer Holst („echter Sylter") Gastgeber von liebevoll ausgestatteten Feriendomizilen in reetgedeckten Landhäusern. Das anspruchsvolle Publikum wird rundum verwöhnt. Das Frühstück glänzt mit allem, was das Herz begehrt, und nach einer Wanderung durch die Dünenlandschaft lässt es sich auf der lauschigen Piazzetta am Teich wunderbar relaxen. Vielleicht gesellen sich die Hausherren dazu und erzählen bei einem Gläschen Wein von ihrer Liebe zu Südafrika. Die haben sie vor drei Jahren bei einem Besuch in Knysna an der berühmten Garden Route entdeckt. „Wir mussten uns den Traum erfüllen, haben dort das kleine, aber feine Hotel ‚Falcons View Manor' eröffnet. Es liegt eingebettet zwischen Berge, Wälder und Meer. Traumhaft", schwärmen Uwe Wittfeld und Reimer Holst. Aber natürlich ist es auch im Ulenhof traumhaft. Zum Beispiel, wenn man im Badehaus mit Pool, Bodensprudler, Massagedüsen und Sauna entspannt oder sich eine Massage (ayurvedische Entspannungs- und Schönheitsmassage, Shiatsu-Ausgleichsmassage, Lymphdrainage, Reiki) gönnt.

Gastgeber: Reimer Holst und Uwe Wittfeld
Friesenring 14
25996 Wenningstedt
Tel.: 0 46 51 / 9 45 40
Fax: 0 46 51 / 94 54 31
info@ulenhof.de
www.ulenhof.de
Ferienwohnung auf Wunsch mit Hotelservice (je nach Saison und Größe) von 85 – 215 Euro
Kreditkarten: EC-cash

Im Ulenhof wird der Luxustraveller rundum verwöhnt.

# WENNINGSTEDTER KRUG

## VON ECHTEN SYLTERN EMPFOHLEN

Statistisch betrachtet sind Jörg und Inga Fichtner so etwas wie eine Rarität: Sie sind nämlich gebürtige Sylter. Und der Wenningstedter Krug, den beide betreiben, gehörte einst Ingas Urgroßvater. Aber das ist lange her und seitdem hat sich viel verändert. Geblieben ist der Charme, den dieses Haus ausstrahlt. Seine gemütlichen, holzvertäfelten Gaststuben sind ungemein einladend, der Service agiert aufmerksam und zuvorkommend, die Qualität der Küche ist uneingeschränkt lobenswert. Saisonfrische Zubereitungen mit regionaler Komponente sind der Publikumsrenner der Saison. Nicht zu vergessen die Fichtner-Klassiker Sylter Meeräsche auf Ananaskraut, eingelegter Schafskäse oder die legendären heißen Feigen mit Gorgonzola. Begleitet wird das Küchenangebot von feinen Gewächsen aus aller Welt. Neu und äußerst komfortabel: der geschlossene Wintergarten mit der variablen Bedachung und Heizstrahlern, der auch in der stürmischen Jahreszeit zum „Draußensitzen“ einlädt. Im angeschlossenen Hotel Wenningstedter Hof können Gäste vorzüglich logieren. Acht mediterran eingerichtete Doppelzimmer bieten besten Komfort. Die vielen „Wiederholungstäter“, wie der Hausherr seine Gäste liebevoll tituliert, sprechen für sich.

Inhaber:
Jörg und Inga Fichtner
Hauptstraße 1
25996 Wenningstedt
Tel.: 0 46 51 / 94 65 30
Fax: 0 46 51 / 4 39 88
hotel@wenning-stedter-hof.de
www.hotel-wenning-stedter-hof.de
Öffnungszeiten Küche:
11.30 – 22.00 Uhr, von November bis Ostern ab 17.30 Uhr
Ruhetag: Mittwoch
Zimmerpreise: je nach Saison 78 – 168 Euro inklusive Frühstück
Kreditkarten: Amex, Mastercard, Visa

Ein wohnlich-behagliches Ambiente, die gute Küche und der neue, variable Wintergarten sind die Highlights des Restaurants.

# WONNEMEYER

## „CHILL ON THE BEACH“

Wo kann man bei selbstproduzierten Chillout-Sounds wahrhaft göttlich in den Tag hineinleben? Wo ein Fläschchen herrlichen Chablis (zu einem super Kurs) genießen – oder auch zwei – und dabei aus der Logenposition hinaus das bunte Treiben am Strand erleben? Wo sitzt man bei Schietwetter gut beschirmt und bei strahlend blauem Himmel luftig unter demselben? Und wo gibt es die beste Öko-Currywurst neben dem ganzen Hummer? Bei Wonnemeyer in Wenningstedt, der wohl lockersten Strandlocation der Insel und einer der beliebtesten und beständigsten dazu. Denn Britta Wonneberger und Rüdiger Meyer konnten 2007 ihr Zehnjähriges feiern.

Wonnemeyer – eine Institution, bei der der Name Programm ist. Hier fühlen sich Strandflaneure genauso wohl wie prominente Gesichter (seit Neuestem gibt es eine „VIP-Lounge“) und Kids (für sie gibt es ein eigenes Piratenschiff). Geboten wird eine Qualitätsküche, die es auf unkomplizierte Weise schafft, den Spagat zwischen Strandversorgung und gehobenem Anspruch zu vollziehen. Und das zu sehr moderaten Preisen. Gäste sollten auch einen Blick auf die wechselnde Tageskarte werfen. Vor allem wegen der vorzüglichen Fischgerichte. Mittlerweile hat Rüdiger Meyer – ganz nach Café-del-Mar-Stil – die fünfte Lounge-CD herausgebracht. Ein Renner beim Publikum. Das gilt übrigens auch für die Events und Veranstaltungen des Strandbistros.

Inhaber: Britta Wonneberger, Rüdiger Meyer
Am Strand Nr. 1
25996 Wenningstedt
Tel.: 0 46 51 / 4 52 99
Fax: 0 46 51 / 4 31 50
info@wonnemeyer.de
www.wonnemeyer.de
Öffnungszeiten:
täglich ab 11.00 Uhr
... open end, durchgehend warme Küche
Kreditkarten: EC-Karte

Begeistern seit Jahren ihr Publikum: Britta Wonneberger und Rüdiger Meyer.
Kulinarisches Highlight: gebackener Knurrhahn auf mediterranem Gemüse.

LOUIS VUITTON

# KUNSTHANDEL JOACHIM MAYER

## SCHMUCK JENSEITS LABEL-ORIENTIERTER MASSENWARE

Ganz bewusst haben Joachim und Gundel Mayer den historischen Ortskern von Kampen für ihren Kunsthandel gewählt. Wo könnte es sich besser machen, als direkt neben dem Alten Dorfkrug? Dort versetzen die Auslagen mit ihrem exklusiven Schmuck aus den Perioden des Jugendstils und Art Déco in helles Entzücken. Preziosen aus Gold und Platin, fantasievoll in der Formensprache und von unglaublicher Präzision im Handwerk. Broschen, Colliers, Ringe und Ohrstecker für eine Kundschaft, die die Faszination wahrer Goldschmiedekunst jenseits Label-orientierter Massenware zu würdigen weiß.

Gundel und Joachim Mayer haben eine intensive Beziehung zu den Schmuckstücken, die sie erwerben. „Es wird immer schwieriger, die wirklich guten Stücke zu bekommen“, berichten die Juweliere. „Es sind alles Unikate, die eine große Wertbeständigkeit behalten. Trotzdem hat alter Schmuck ein besseres Preis-Leistungs-Verhältnis als moderner.“ Zum anspruchsvollen Portfolio des Paares gehören auch Schmuck-Neuanfertigungen im klassischen Stil mit extragroßen Brillanten und Farbsteinen, Gemälde und Aquarelle von namhaften Künstlern des 20. Jahrhunderts sowie Mobiliar des 18. Jahrhunderts. Darunter befinden sich gefasste Möbel sowie mit Edelhölzern furnierte und eingelegte Möbel des 18. und frühen 19. Jahrhunderts.

Inhaber: Joachim und Gundel Mayer
Braderuper Weg 3
25999 Kampen
Tel.: 0 46 51 / 8 36 49 20
Fax: 0 46 51 / 8 36 49 21
Öffnungszeiten: Montag – Sonntag ab 11.00 Uhr

Außerordentliche Preziosen für ebensolche Frauen, die Individualität mehr schätzen als die Uniformität moderner Markenlabels.

# CHOPARD

## BEGEHRTE ADRESSE IN DEN SYLTER DÜNEN

Das Genfer Familienunternehmen Chopard steht für Uhren und Schmuck der Luxusklasse. Chopard glänzt durch Kreativität, Perfektion, Qualität und außergewöhnliches Design. Für Ulrike Richter, Managerin der Kampener Chopard Boutique, und Heide Clausen ist die kompetente Beratung bei allen Verkaufsgesprächen ein besonderes Anliegen.

Kampens Strönwai steht seit Jahrzehnten im Dienste des glamourösen Luxus. Aufgereiht wie Perlen an einer Kette findet man hier die Nobelboutiquen internationaler Premiummarken. Auch Chopard gehört dazu, die Schweizer Luxusmanufaktur, deren permanente Innovationsfreude und Kreativität sich in extravaganten Design-Ideen widerspiegelt gleichwie im exquisiten Flair ihrer Schmuck- und Uhrenkollektionen. Es sind insbesondere die Damen, die von den Schöpfungen des Hauses Chopard in höchsten Tönen schwärmen. Und das ist nicht verwunderlich, denn das in dritter Generation geführte Genfer Familienunternehmen überrascht jedes Jahr mit einer Reihe begehrenswerter Pretiosen von formvollendeter Schönheit.

Luxus, Leidenschaft und Leistungsstärke sind die Charakteristika der neuen Kreationen „Mille Miglia“. Mit der „Split Second“ und der „Gran Turismo XL“ präsentiert Chopard zwei weitere Uhren der Kollektion „Mille Miglia“. Absolute Krönung ist die auf 250 Stück limitierte „Split Second“ mit einem Gehäuse aus Roségold und der Split-Second-Funktion zum Messen von Zwischenzeiten – eine Hommage an eine Welt, in der jede Sekunde zählt.

Geschäftsführung:
Ulrike Richter
Strönwai 7
25999 Kampen
Tel.: 0 46 51 / 94 32 32
Fax: 0 46 51 / 94 32 34
Boutique.sylt@chopard.de

Innovatives aus dem Hause Chopard: die „Split Second"
in Roségold aus der Kollektion „Mille Miglia".

# CHRISTOFLE KAMPEN

## ERLESENES FÜR HÖCHSTE TAFELKULTUR

„Damit Schönheit lebt, muss sie fortwährend von Neuem geschaffen werden“, besagt eine der Maximen der französischen Prestige-Silberschmiede Christofle, die 1830 gegründet wurde.

Auch Angelika Haase erlag der Faszination dieser einzigartigen Pretiosen höchster und formvollendeter Tafelkultur. Vor zehn Jahren, am 4. Juli 1997, eröffnete sie zusammen mit dem Präsidenten des Unternehmens, Maurizio Borletti, den Christofle Pavillon in Kampen.

Besonders die wertvollen Bestecke aus Silber sind bei den Kunden, die aus dem gesamten Bundesgebiet sowie dem benachbarten Ausland kommen, heiß begehrt. Ein besonderes Faible hat Angelika Haase für Antiquitäten aus dem Hause Christofle – einzelne Tee- und Kaffeekannen aus Sterlingsilber oder ganze Tee-Service mit Zuckerdose und Milchkännchen. Liebhaberstücke, die auf ganz besondere Menschen warten. Feiner französischer Tradition folgen auch die erlesenen Porzellane der Manufakturen Raynaud und Bernardaud, die Angelika Haases exklusives Angebot zusammen mit prächtigem Kristall und hochwertigen Accessoires und Geschenkartikeln komplettieren. Wer mal keine Zeit hat, bei Christofle Kampen vorbeizuschauen, hat die Möglichkeit telefonisch zu bestellen.

Boutique-Inhaberin:
Angelika Haase
Bergentenweg 1
25999 Kampen
Tel.: 0 46 51 / 2 21 50
Fax: 0 46 51 / 2 20 26
Mobil: 01 70 / 5 54 16 55
haase-kampen
@t-online.de
www.christofle-kampen.de
Geschäftszeiten: Mo – Sa 10.00 – 13.00 Uhr und 15.00 – 18.00 Uhr

Antikes Teegeschirr, handarbeit, versilbert.
Traumhaft schöne Fischvase „Poissone“ von Christofle, Sonderanfertigung.

# HIGHLANDER SHOP

## PULLOVER MIT GEHEIMNIS

Eine erfolgreiche Verbindung aus Luxus und Nützlichkeit sind die Cashmere-Pullover des Labels Highlander. Sie sind elegantes Outfit beim Golf, beim Segeln, auf der Jagd, auf Reisen und zum Wohlfühlen. Das Besondere des Highlander-Pullovers besteht darin, dass er die Noblesse und den hohen Tragekomfort der Cashmere-Wolle mit der Funktionalität eines Hightech-Futters (ein speziell bearbeitetes Gewirk) vereint. Dieses ist in der Lage, das Körperklima zu regulieren sowie die Körpertemperatur über einen langen Zeitraum konstant zu halten. Das hautsympathische, seidenweiche und dehnbare Futter wird in zwei attraktiven Paisleyvarianten hergestellt. Geschäftsinhaberin Gabriele Ludwig bekommt sogar „Fanpost" von zufriedenen Kunden, die in höchsten Tönen von den Vorzügen der Pullover schwärmen. Den Highlander Pullover gibt es mit allen gängigen Kragenversionen, mit Rund- oder V-Ausschnitt, als geknöpfte Jacke oder mit Zipper, in klassischen sowie aktuellen Trendfarben und in verschiedenen Cashmere-Stärken für jeden Anspruch und jede Jahreszeit. Die spezielle Maßtabelle für diesen außergewöhnlichen Pullover deckt mit 6 Unisex-Größen sämtliche gängigen Maßvorgaben ab. Ganz neu sind die modischen Modelle für Damen in normalen Konfektionsgrößen. Anspruchsvolle Kundinnen und Kunden finden bei Gabriele Ludwig ganzjährig eine sehr gute Auswahl und exzellente Fachberatung.

Inhaber: The Sportswear Company GmbH + Co KG
Hauptstraße 13
25999 Kampen
Tel.: 0 46 51 / 4 26 66
oder 2 99 03 23
Fax: 0 46 51 / 2 99 03 24
www.highlanderpullover.com
Öffnungszeiten: 10.00 – 19.00 Uhr (Saison), 11.00 – 18.00 (Nebensaison), Kreditkarten: Mastercard, Visa

Highlander Shop wird das Geheimnis um diesen außergewöhnlichen Pullover gelüftet. Er ist ein unverzichtbarer Begleiter für drinnen und draußen.

# KEGELMANN KAMPEN

Beim Bummel durch Kampens Nobelgeschäfte steht ein Besuch bei Kegelmann bei den meisten Damen ganz vorne an. Auf nur wenigen Quadratmetern präsentiert der smarte Markus Kastenhuber die Weltelite der Schuhmode! Das Geschäft übernahm er vor zwei Jahren von der Gründerin Ingrid Kegelmann, die vor über zwanzig Jahren das Geschäft eröffnete.

Ihm zur Seite stehen Gabriele Martinez und Waltraud Rumohr, die mit ihrer exzellenten Beratungsqualität für eine hochzufriedene Stammkundschaft sorgen.

Im Portfolio des Schuhgeschäfts stehen Weltmarken wie Prada, Celine, Jil Sander, Hogan und Unützer. Die Besonderheit des Münchner Edel-Labels mit Manufaktur in Venedig ist die Anfertigung nach Kundenwunsch. „Viele unserer Kundinnen stellen sich so einen individuellen Schuh in gewünschtem Leder und in ihrer Wunschfarbe zusammen – Unikate von besonderem Charme“, erzählt Markus Kastenhuber, der noch Stores der Lifestylemarke „Gant“ auf Sylt und in Kitzbühel betreibt.

„Für jede Saison komponieren wir außerdem eine Unützer-Hauskollektion für unser Kampener Geschäft, die es in dieser Form nirgendwo anders zu kaufen gibt.“ Ein Exklusiv-Service, den der große Kundenstamm zu schätzen weiß. Ab dem Frühjahr 2008 wird es noch mehr Auswahl bei Kegelmann geben, Emma Hope und Marc Jacobs werden das exklusive Sortiment abrunden.

Inhaber:
Markus Kastenhuber
Kurhausstraße 2
25999 Kampen
Tel.: 0 46 51 / 4 29 04
Fax: 0 46 51 / 4 53 42
Öffnungszeiten: 10.30 – 19.00 Uhr (Hochsaison), 11.00 – 15.00 Uhr (November bis März)

Kampens erste Adresse, wenn es um erlesene Designer-Schuhmode geht.

# LOUIS VUITTON

## TRADITION, MODERNE UND HÖCHSTE QUALITÄT

Im kommenden Jahr kann das traditionsreiche französische Label sein zwanzigjähriges Bestehen auf der Insel feiern, es zählt zu den feinsten Adressen der Kampener Luxus-Flaniermeile Strönwai. Wer gern mit kleinem Gepäck anreist, findet bei Louis Vuitton alles, um seine Urlaubssouvenirs auf der Heimreise bestens verstauen zu können.

Geschäftsleiterin Manuela Ott und Karin Schmidt beraten ihre Kunden charmant und kompetent. Die schauen in Ruhe und vielleicht bei einem Gläschen Champagner, welche kreativen Ideen Marc Jacobs – seit zehn Jahren künstlerischer Leiter im Hause Louis Vuitton – in diesem Jahr beflügelt haben.

Durch das Engagement des New Yorkers gehören heute neben den klassischen Koffern und Taschen auch Gürtel, Schuhe und sogar Bademode zur Louis-Vuitton-Kollektion.

Wie perfekt sich Tradition (das Label wurde 1854 von Louis Vuitton gegründet; der Koffermacher war Pionier und Visionär seiner Zeit) und innovatives Design treffen, zeigen sowohl die hochwertigen Gepäckstücke und Taschen in Monogram Canvas als auch die von Marc Jacobs spielerischen Neuinterpretationen wie Monogram Multicolore oder Teile aus der jeweiligen Showkollektion.

Manuela Ott: „Viele Sylt-Liebhaber zählen zu unseren Stammkunden. Sie schätzen den Stil, aber vor allem die seit Jahrzehnten gleichbleibend hochwertige Qualität von Louis Vuitton.“

Geschäftsstellenleiterin:
Manuela Ott
Strönwai
25999 Kampen
Tel.: 0 46 51 / 4 55 66
Fax: 0 46 51 / 4 12 37
Öffnungsgzeiten:
Montag bis Samstag
10.30 – 19.00 Uhr, Sonntag 11.00 – 18.00 Uhr

on außen und innen ein Schmuckstück: der Store von Louis Vuitton in Kampen.
In der ganzen Welt gefragt: Monogram Canvas.

# SPREEN & KÖSTER SYLT

## MANUFAKTUR FÜR EXKLUSIVEN INNENAUSBAU

Beim Einrichten kann sich der Mensch entfalten, kann aus Räumen Lebensräume gestalten. Schön, wenn man dann einen Partner wie Spreen & Köster zur Seite hat. Die Manufaktur für exklusiven Innenausbau inszeniert seit vielen Jahren außergewöhnliche Wohnwelten für außergewöhnliche Menschen.

Ob klassisch-traditionell, gemütlich, extravagant oder futuristisch-funktional – im Vordergrund steht stets hervorragende Qualität und meisterhafte Handwerksarbeit. Inhaber Winfried Köster und sein langjähriges Team planen nach individuellen Vorgaben ebenso wie nach den Plänen eines Architekten.

Die Mitarbeiter der hauseigenen Manufaktur sind jeder für sich Meister ihres Faches. Das zeigt sich in den feinen Details ebenso wie in einem ausgeklügelten Design – insbesondere bei Einzelmöbeln. Jedesmal von neuem eine Herausforderung sind die wertvollen Innenausbauten von Spreen & Köster, edle Hölzer in Kombination mit z. B. Blattsilber machen diesen Wert aus. In der Kampener Ausstellung wie im Stammhaus können Interessenten die Handwerkskunst der Manufaktur in Augenschein nehmen und finden außerdem elegante Textilien und Accessoires von Donghia, Giorgetti, Christine Kröncke und Walter Knoll.

Alte Dorfstraße 2
25999 Kampen
Tel.: 0 46 51 / 2 99 68 38
Fax: 0 46 51 / 2 99 68 39
info@spreen-koester.de
www.spreen-koester.de
Öffnungszeiten: Mo – Sa 10.30 – 19.00 Uhr
und nach Vereinbarung

Spreen & Köster
Stammhaus
Engershauser Straße 7
32361 Pr. Oldendorf / Engershausen
Tel.: 0 57 42 / 92 22 70
Fax: 0 57 42 / 92 22 72

Innenausbau vom Feinsten: Im Kampener Showroom kann man sich vom handwerklichen Können der Manufaktur persönlich überzeugen.

# BRIGITTE BOJAHR

## „EXCELLENTE SCHMUCKKULTUR“

Am Gurtstig 17 im idyllischen Keitum zeigt nicht nur die verführerische Schaufensterauslage, dass Inhaberin Brigitte Bojahr mit ihrer exzellenten Auswahl frischer und junger Juwelierskunst den Geschmack anspruchsvoller Kunden zu treffen weiß.

Darüber hinaus attestieren ihr drei kleine, eher unscheinbare Plaketten, dass sie zu den Besten ihrer Zunft gehört. Schon zum dritten Mal in Folge wurde sie mit dem begehrten Prädikatslabel „Excellente Schmuckkultur“ ausgezeichnet. Das ist eine Auszeichnung, die einmal im Jahr von der renommierten Fachzeitschrift „Schmuckmagazin“ vergeben wird und mit der die charmante Unternehmerin unter die 100 besten Juweliere Deutschlands gewählt wurde.

Natürlich war die Freude darüber groß. Aber eigentlich ist die Ehrung nur die Bestätigung der sehr individuellen und kundenorientierten Beratung, die seit Jahren den Erfolg der exklusiven Adresse prägt. „Schmuck ist heute mehr denn je Ausdruck der Persönlichkeit der Trägerin und deshalb liegt mir die individuelle Beratung meiner Kunden ganz besonders am Herzen“, erläutert die Wahlsylterin ihre Verkaufsphilosophie. Und wenn man einen Blick auf die innovativen Kollektionen von Heinrich & Denzel, Fillner, Schoeffel, Leo Wittwer, Jochen Pohl oder Peter Fischer – ohne Frage alles Trendsetter der Branche – wirft, weiß man sofort warum. Denn bei der Auswahl an ungewöhnlichen Materialkombinationen und extravagantem Design, Perlenträumereien oder mystisch funkelnden Edelsteinen fällt die Entscheidung schwer.

Gurtstig 17
25980 Keitum
Tel.: 0 46 51 / 8 35 73 83
Fax: 0 46 51 / 8 35 73 84
info@brigitte-bojahr.de
www.brigitte-bojahr.de

Partner, die sich exzellent ergänzen: Nerzjacke aus dem J.M. Pelz-Atelier Sylt und die aktuellen Meisterstücke junger Juwelierkunst.

# EMPORIO SYLT

## ITALIENISCHER CHIC IN KEITUM

Nicht zu übersehen, gleich an der Ortseinfahrt von Keitum am neuen Kreisel, eröffnete im Sommer 2007 das Emporio Sylt – die Adresse für luxuriöse italienische Designer-Mode, die erfreulicherweise auch mit reichlich Parkplätzen überzeugen kann.

In einem zeitgemäß stylishen Ambiente, weißen Interieurs, kombiniert mit viel Glas und Chrom, können Trend-Shopper die unerschöpfliche Kreativität italienischer Couturiers erleben. Auf einer bemerkenswert großzügigen Fläche präsentieren sich die neuesten Kollektionen von Aida Barni, Armani Collezioni, Armany Jeans, Emporio Armani, EA7, Ermenegildo Zegna und Zegna Sport.

Insbesondere die Auswahl für den modisch motivierten Herrn kann sich sehen lassen. Vom Basic über elegante Sakkos und wertvolle Wildledermäntel bis zum passenden Schuh kann er sich bei Emporio komplett in italienische Lifestyle-Mode hüllen. Und das für jeden Anlass – vom klassischen Business-Auftritt bis zum legeren Freizeit-Outfit. Die modebewusste Partnerin probiert derweil im Nebenraum Sportlich-Feminines an. Jeans, Shirts, Blusen, Pullover, Jacken – hochwertige Mode, trendy und tragbar. Diesen Herbst und Winter vor allem in gedeckten Farben und Erdtönen. Passend dazu wählt sie Schuhe, Stiefel und Accessoires wie Krokodilledergürtel und Handtaschen. Besonders auffällig und originell ist der tibetische Silberschmuck, der der neuen Robe den letzten Schliff verleiht.

Inhaberin:
Cornelia Luyken
Gurtstig 1
25980 Keitum
Tel.: 0 46 51 / 8 36 45 55
Fax: 0 46 51 / 8 36 45 56
Öffnungszeiten: Mo – Fr. 10.30 – 18.30 Uhr,
Sa. 10.30 – 18.00 Uhr,
So. 11.00 – 16.00 Uhr
Kreditkarten: Diners Club, Mastercard, Visa

Keitums neue Adresse für Liebhaber italienischer Lässigkeit.

# DIE KULTIVIERTE WOHNUNG

## „WIR GESTALTEN INNENEINRICHTUNGEN“

Wann kann man die Arbeit eines Inneneinrichters eigentlich als erfolgreich bezeichnen? Eine Frage, die nicht ganz einfach zu beantworten ist, denn es gehört zum Schicksal dieses Berufsstandes, dass seine Kunst immer dann besonders hochgelobt wird, wenn sich in dem Haus die Persönlichkeit der Besitzer widerspiegelt. Eine grundlegende Zielvorgabe, die sich auch die Sylter Innenarchitekten Minka und Peter Stütz auf die Fahnen geschrieben haben.

Jedes Interieur-Konzept wird in ausführlichen Beratungsgesprächen gemeinsam mit den Auftraggebern erarbeitet. Jedoch passen sich die beiden Interieurexperten nicht wie Chamäleons dem Geschmack ihrer Auftraggeber an, sondern haben – mit fast dreißig Jahren Erfahrung im Rücken – einen ganz eigenen, prägnanten Stil entwickelt. Ihre individuellen, oft sehr ungewöhnlichen Einrichtungskonzepte finden nicht nur auf der Insel zahlreiche Liebhaber, sondern ihr anspruchsvolles Kundenklientel kommt aus ganz Deutschland. Ja, sogar in der Schweiz und in Spanien schätzt man die Kunst des Kreativ-Duos. Der Arbeits- und Lebensmittelpunkt des weltoffenen Ehepaares liegt jedoch im idyllischen Keitum. In seinem Showroom arrangiert es stets neue Wohnszenarien mit schönen Dingen aus aller Herren Länder.

Planung – Gestaltung – Einrichtung
Inhaber: Minka und Peter Stütz
C.-P.-Hansen-Allee 3
25980 Keitum
Postfach 2 59 86 Keitum
Tel.: 0 46 51 / 3 21 35
Fax: 0 46 51 / 3 58 58
hues-bi-hues@t-online.de
Öffnungszeiten: Mo. – Fr. 11.00 – 18.00 Uhr,
Sa. 11.00 – 14.00 Uhr
(in der Saison auch bis 18.00 Uhr)

Interieurs mit kosmopolitischem Flair demonstrieren eindrucksvoll
die Kunst der Sylter Einrichtungsexperten.

# BARBARA LOHMANN

## INDIVIDUELLE SCHÖNHEIT IN BESTER QUALITÄT

Hinter der Schaufensterscheibe der Kampener Kurhausstraße 2 finden alle, die individuelle Mode lieben, eine Adresse für exklusive Designeroutfits von Barbara Lohmann. 1990 entwarf die studierte Bekleidungsingenieurin ihre erste eigene Kollektion. Heute ist das Label der Hamburgerin weit über ihre Heimatstadt hinaus bekannt. „Schon als junges Mädchen hatte ich ein Faible für wertvolle Garne. Alpaka, Cashmere und Seide zählten zu meinen Favoriten", sagt Barbara Lohmann. Die Stoffe für ihre Kostüme, für die Pullover und die fantasievollen Kleider kauft sie in Paris und Mailand, bei den Cashmere-Webern direkt im Biella-Tal und natürlich in der Seidenstadt Como.

Barbara Lohmann Mode finden Individualisten in sieben eigenen Stores. Einer davon ist die reetgedeckte Boutique mitten in Kampen. „Der Store ist mein zweites Zuhause. Mit den historischen Stühlen vom Dachboden meines Vaters und kleinen, feinen Details möchte ich hier ein ganz persönliches Ambiente zaubern", sagt Geschäftsführerin Kathleen Lagmöller.

Appetit auf mehr macht ein Blick in die Herbst-Winter-Kollektion. Lange, weich fallende Seidenröcke, schimmernde Blazer, schicke Mäntel und sportive Anzüge zeigen die Vielfältigkeit ihrer Schöpferin – natürlich auch im Barbara Lohmann Store im idyllischen Keitum.

Geschäftsleitung:
Kathleen Lagmöller
Kurhausstraße 2
25999 Kampen
Tel.: 0 46 51 / 9 95 99 92
Fax: 0 46 51 / 9 95 99 93
info@barbara-lohmann.com
www.barbara-lohmann.com
Öffnungszeiten:
Montag bis Sonntag
11.00 – 18.00 Uhr

Barbara Lohmann Store
Gurtstig 12
25980 Keitum
Tel.: 0 46 51 / 3 31 94
Fax: 0 46 51 / 93 62 73

Geschäftsführerin Kathleen Lagmöller *(sitzend)* mit Mitarbeiterin Brigitte Arndt. Ein Blick auf die aktuelle Herbst-Winter-Kollektion.

# „WOHNLICH“ IM KLEINEN TEELADEN

## MODISCHES UND TRENDIGES FÜR ZU HAUSE

Vor zwölf Jahren eröffnete Ute Kahl ihren Kleinen Teeladen im idyllischen Keitum. Von Anfang an führte sie zum breiten Teesortiment auch wohnliche Accessoires im Landhausstil, die bei ihrer Kundschaft sehr gut ankamen. Im Frühjahr 2007 stellte die sympathische Geschäftsfrau dann ganz auf dekorative Wohntextilien und -accessoires um. Heute findet man in ihrem schmucken Eckgeschäft attraktive Design-Kollektionen von Gant Home – modische Strickkissen, wärmende Plaids, hochwertige Bettwäsche, kuschelige Handtücher und originelles Geschirr – und Lambert, dessen Glaswaren, Tafelgeschirr und Kleinmöbel eine Bereicherung für jeden Wohn- und Lebensraum darstellen. Auf Anfrage kann Ute Kahl auch andere Produkte aus den Lambert-Wohnwelten besorgen.

Beim Stöbern durch die reich gefüllten Regale lassen sich noch allerlei originelle Mitbringsel der Labels Rice und Love Plate entdecken, außerdem legere Taschen, betörende Raumdüfte, buntes Glasgeschirr oder Schönes für bevorstehende Festtage wie Weihnachten und Ostern. Doch nicht nur die Wünsche von Erwachsenen werden erfüllt. Für zufriedene kleine Kunden sorgt die Trendmarke Sia Kids mit hübschem Spielzeug, Bettwäsche, Geschirr, Kissen sowie Kleinmöbeln in kindgerechten Farben und Anmutungen.

Inhaberin: Ute Kahl
Gurtstig 44
25980 Keitum
Tel.: 0 46 51 / 3 21 98
Fax: 0 46 51 / 93 61 90
Öffnungszeiten: Ostern bis Ende Oktober Mo. – Sa 10.30 – 18.00 Uhr, So 11.00 – 15.00 Uhr; Wintermonate Mo. – Sa. 11.00 – 16.00 Uhr, Sonntag geschlossen
Änderungen vorbehalten
Kreditkarten: EC-Karte

Vom Kleinen Teeladen zur begehrten Shopping-Adresse
für hochwertige Wohnaccessoires: „Wohnlich“ in Keitum.

# PARADISE CUSTOMS SYLT

## TOP SPORTSWEAR IN MARITIMER UMGEBUNG

Mitten im neu gestalteten Lister Hafenbereich findet sich, groß, blau und weiß, der Store von Kim und Ronald Benck. Die beiden Sylter bieten in ihrem Laden auf 750 Quadratmetern ein modernes, trendiges Sortiment an Sportswear angesagter Marken. Im perfekten Outfit von Topmarken wie Oxbow, Windsurfing Chiemsee, Billabong, Quicksilver, The North Face, Sansibar und Gaastra kann man das Sylter Leben richtig genießen. Bei echtem Syltwetter (www.syltwetter.de) sorgen die neuen Alleskönner Funktionsjacken, Mützen und Oberteile dafür, trocken zu bleiben. Im Sommer setzt man mit T-Shirts und Bademode von Paradise Customs farbenfrohe Akzente an Sylter Stränden. Ein weiterer Schwerpunkt im Programm ist das große Angebot für Kids, auch hier gibt es für jedes Wetter das passende Outfit. Dass sich Kim und Ronald Benck auf Sportswear spezialisiert haben ist kein Zufall. Der Ursprung der Firma liegt nämlich in der Herstellung von Surfboards und so betreiben die beiden Sylter neben dem Store für Sportswear auch ein Surf-Testcenter. Segeln, Windsurfen und Kiten sind sozusagen die Wurzeln des geschäftlichen Erfolges. Unumstrittener Favorit in der Gunst der Kunden ist das Label des niederländischen Unternehmens GAASTRA Internationale Sportswear. Viele Urlauber kommen gezielt für die moderne, natürlich maritime Kleidung dieses Herstellers in den Store am Lister Hafen.

Inhaber:
Kim und Ronald Benck
Am Hafen 8–10
25992 List
Tel.: 0 46 51 / 87 17 01
Fax: 0 46 51 / 87 17 02
par@dise-sylt.de
www.paradise-sylt.de
Öffnungszeiten: täglich
10.00 – 21.00 Uhr

Ver das Einkaufserlebnis in den Alltag auf dem Festland retten möchte, kann
len Online-Shop (www.paradise-sylt.de) besuchen oder telefonisch bestellen.

# WIEDA IMMOBILIEN

## DEUTSCHLANDS NÖRDLICHSTER MAKLER

Wer schon immer von einem Strandkorbfrühstück auf eigener Terrasse geträumt hat, einem Reetdachhaus mit Meerblick in den Dünen oder einem schicken City-Appartement in Westerland bekommt mit Wieda Immobilien einen verlässlichen Partner für die Erfüllung seiner Wünsche.

Der Sylter Immobilienmakler Heinz Wieda sorgt seit über zwanzig Jahren dafür, dass aus Träumen Wirklichkeit wird. Ganz gleich ob die Doppelhaushälfte in Rantum, eine repräsentative Friesenvilla mit großem Grundstück in Kampen oder ein geeignetes Objekt für ein neues Hotelprojekt nachgefragt wird: Interessenten können bei Heinz Wieda aus durchschnittlich 150 Objekten auswählen, die er auf der Insel anzubieten hat. Wobei die mit Reet gedeckten Zweitwohnsitze in der Käufergunst ganz oben rangieren. Zu Wiedas Dienstleistungen gehört über den Verkauf hinaus die anschließende Objektbetreuung bei Abwesenheit der Eigentümer, z. B. Gärtner- oder Reinigungsservice, wenn gewünscht.

Der studierte Betriebswirt und Kapitänleutnant d. R. betreibt sein Immobiliengeschäft zusammen mit seiner Frau Dagmar, einer Volkswirtin. Ihr modernes Büro, mit Blick auf das turbulente Treiben am Lister Hafen, befindet sich in der ersten Etage der Alten Tonnenhalle, die bei Sylt-Urlaubern wie Insulanern als attraktives Einkaufsparadies geschätzt wird. Familie Wieda obliegt die wirtschaftliche Leitung der Halle, wie das Management mit Vermietung und Verpachtung.

Inhaber: Dagmar
und Heinz Wieda
Alte Tonnenhalle
am Hafen, 25992 List
Tel.: 0 46 51 / 8 36 18 88
Fax: 0 46 51 / 8 36 18 87
heinz.wieda@t-online.de
www.wieda-immobilien.de

In der ersten Etage der alten Tonnenhalle, direkt über Gosch, haben Dagmar und Heinz Wieda ihr schönes Büro.

# SYLT-STRANDKÖRBE

## KOMFORTABLER PLATZ AN DER SONNE

Er ist wahrlich ein besonderes Sylt-Souvenir, denn nicht nur am Strand von Deutschlands beliebtester Insel gibt er stets ein gutes Bild ab. Der Westküsten-Strandkorb (er ist etwas eckiger als sein Pendent von der Ostseeküste) vom Sylter Willy Trautmann kommt auch auf der Terrasse im heimischen Garten groß raus.

Komfort und Eleganz prägen die neue Generation von Freizeit-Strandkörben wie den „Horizontalkorb mit Liftomat" oder den „Softlifter" (ebenfalls Entwicklungen aus dem Hause Sylt-Strandkörbe), die durchdacht sind bis ins Detail und höchsten Qualitätsansprüchen standhalten.

Sylt-Strandkörbe sind ein echtes Handwerksprodukt von der Insel, gefertigt von Willy Trautmann und seinen qualifizierten Mitarbeitern – versierte Tischler, Polsterer, Maler und Korbflechter. Jeder Korb wird von vierzehn Fachkräften bearbeitet, ehe er ausgeliefert wird. Der Rantumer Familienbetrieb in dritter Generation bietet vierundsechzig Modellvarianten vom klassischen Zweisitzer bis zum Ein-, Komfort- und Dreisitzer. Wie es beliebt. Über zweihundert Stoffvarianten, natürlich auch in Designerqualität, machen es leicht, den persönlichen Favoriten auszuwählen. Alle Strandkörbe zeichnen sich durch ihre leichte Handhabung, robuste Mechanik und die lange Lebensdauer von etwa zwanzig Jahren aus. Wind und Wetter können ihnen daher so leicht nichts anhaben.

Inhaber:
Willy Trautmann
Hafenstraße 10
25980 Rantum
Tel.: 0 46 51 / 2 28 43
Fax: 0 46 51 / 2 87 26
info@sylt-strandkoerbe.de
www.sylt-strandkoerbe.de
Öffnungszeiten:
Mo. – Fr. 8.00 – 18.00 Uhr, Sa. 8.00 – 13.00 Uhr

Original Sylt-Strandkörbe sind ein echtes Handwerksprodukt von der Insel: Material, Ausführung und Design gehen eine harmonische Synthese ein.

# VINO VIN

## DER VERSUCHUNG NACHGEBEN …

Wildgewachsene Kräuter, wie Oregano, Thymian und frischer Salbei warten auf ihren Einsatz. Feinste Olivenöle, luxuriöse Essige, Orangen-Mostarda, Chutney, Gelee aus Aceto Balsamico, Pasta mit Trüffelbutter, Fleur de sel mit Hibiskus, sinnliche Dolfin-Schokoladen (zartbitter mit rosa Pfeffer zum Beispiel) und Gewürze von Ingo Holland (Gewürzexperte aus Hessen) wetteifern in den Regalen um die Gunst des Gourmets. Abgerundet wird das verführerische Angebot im VINO VIN durch ein umfangreiches Weinsortiment.

Seit fünfzehn Jahren ist Petra Fuchs Inhaberin des genussvollen Ladens an der Keitumer Landstraße in Tinnum. Zum Wein ist sie durch ihren Mann Hans Lorenz Fuchs gekommen, zu Essig & Co. (sechzig verschiedene Essigsorten, dreißig Sorten Öl) durch ihre Begeisterung für das Kochen. „Ich füttere meine Kunden richtig“, verrät die agile Geschäftsfrau lachend, zeigt zum Beweis ein Gefäß mit vielen kleinen weißen Löffeln. „Bei mir kann man alles probieren, jeden Essig, jedes Öl, jedes Salz.“ Sogar die vom spanischen Sternekoch Ferran Adrià kreierte Öl-Serie mit zehn verschiedenen Geschmacksnuancen steht für eine Degustation bereit. „Champagner-Balsam zum Beispiel verfeinert jeden Salat“, weiß die gebürtige Dortmunderin.

Selbstverständlich kann man bei Petra Fuchs auch ausgesuchte Weine und Grappen verkosten.

Inhaberin: Petra Fuchs
Keitumer Landstraße
(neben der Aral-Tankstelle)
25980 Tinnum
Tel.: 0 46 51 / 93 80 19
Fax: 0 46 51 / 93 80 38
Öffnungszeiten in der Hauptsaison: Montag bis Freitag 11.00 – 13.00 Uhr und 14.30 – 18.30 Uhr, Samstag 10.00 – 18.00 Uhr
Nebensaison: Montag bis Freitag 14.30 – 18.00 Uhr, Samstag 10.00 – 14.00 Uhr

„Ein Schlückchen Grappa vielleicht oder ein Löffelchen Essig?"
Petra Fuchs animiert charmant zum Probieren und Verkosten.

# SYLT BOARDINGHOUSE IN WESTERLAND

## WOHNEN MIT HOTELSERVICE AUF HÖCHSTEM NIVEAU

Konzipiert als Boardinghouse im „Shaker-Stil“, offeriert Baerbel Wiegandt ab Juni 2008 auf Sylt ein adäquates Wohnen mit allen Annehmlichkeiten. Klare Linien, Harmonie, Sinnlichkeit ohne Zwang zur Perfektion. U. a. Sauna und ein offener Kamin untermalen die Wohlfühlatmosphäre zu jeder Jahreszeit. Ihr Immobilien- und Vermietungsunternehmen wurde 1972 in Wenningstedt gegründet. Heute ist sie die dynamische und sympathische Fachfrau, wenn es auf Sylt um Immobilien geht. Unweit vom Meer und von der berühmten Friedrichstraße, ruhig und exponiert gelegen, bietet sie drei Wohneinheiten mit viel Raum für die Ästhetik lifestyliger Eleganz an. Ob als Langzeitbewohner für ein Jahr, für einige Tage oder eine Woche – in der Bötticherstraße bestimmen eine hochwertige, zeitlose und gemütliche Inneneinrichtung mit modernstem Komfort, gepaart mit einem gepflegten Service, den Tagesablauf, so dass man sich so richtig zuhause fühlen kann.

Ganz gleich ob Einkaufs-, Wäsche- oder Reinigungsservice – in den Räumlichkeiten mit jeweils etwa hundert Quadratmetern Wohnfläche ist für alles gesorgt, damit anspruchsvolle Boardinghouse-Mieter ganz entspannt ihren Aufenthalt auf der schönsten Nordseeinsel genießen können.

Sylt-Beraterin
für Immobilien GmbH
Baerbel Wiegandt
Strandstraße 8a
25996 Wenningstedt
Tel.: 0 46 51 / 4 29 17
und 4 11 85
Fax: 0 46 51 / 4 55 03
sylt-wiegandt@t-online.de
Boardinghouse:
Bötticher Straße 25
25980 Westerland

Private Wohnatmosphäre in Verbindung mit dem Komfort des Hotelservice bietet das neue Boardinghouse ab Juni 2008.

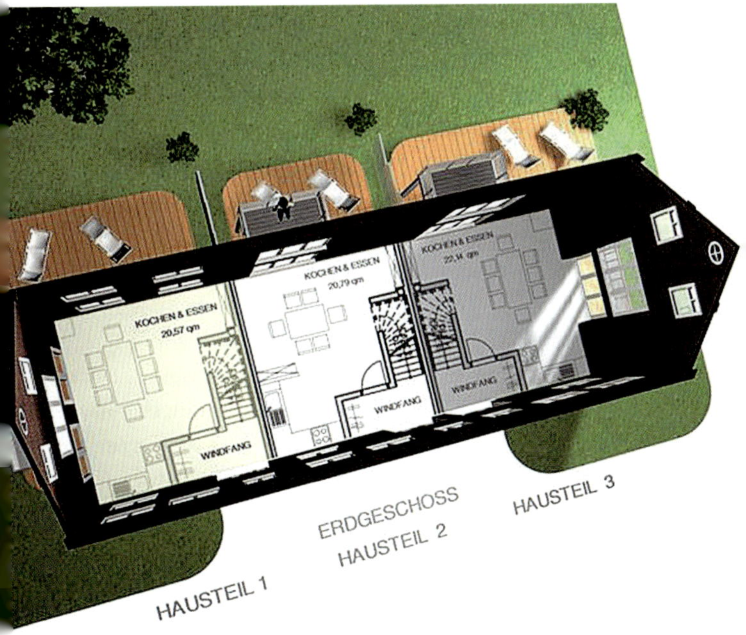

# AMBIENTE

## ON TOP MIT TOP-LABELS

Jede Frau kennt das: Sie möchte sich ein schönes neues Outfit gönnen, über die neuesten Modetrends informiert werden, sich verändern – trotzdem ihrem Stil treu bleiben. Und jetzt wird es schwierig, denn die Suche danach verdirbt oft den ganzen Spaß.
Im Westerländer Modegeschäft Ambiente kann das nicht passieren. Da hat man sich schon lange um die speziellen Wünsche von Frauen Gedanken gemacht. Dort findet „Sie" die topaktuellen Kollektionen in reicher Auswahl. Und das Wichtigste ist, dass sich die Teile der im Geschäft erhältlichen Marken Boss woman, Boss orange, Rivamonti, Max Mara, Sportmax, Mabrun, Moncler, St. Emile und cambio perfekt miteinander kombinieren lassen. Dazu, exklusiv auf Sylt, die Taschen von Longchamp, von coccinelle und von Boss. Perfekt abgestimmt sind auch die anderen Accessoires: Schuhe, Gürtel, Schals und Tücher und hochwertiger Modeschmuck. Es ist kein Problem, sich für jeden gewünschten Anlass einzukleiden, ob lässig, sportiv, feminin oder elegant! Dem Ambiente-Team macht es Freude, den Kundinnen die Teile individuell und typgerecht zusammenzustellen. Kein Wunder, dass Ambiente so viele zufriedene Stammkundinnen hat, die sich beim Einkauf rundum wohl fühlen, Geschätzt wird neben der Auswahl vor allem die exzellente Beratung und Qualifikation des Ambiente-Teams. Fazit: Die Gute-Laune-Stimmung hier im Geschäft ist nicht zuletzt ein Verdienst der vielen begeisterten Kundinnen.

Inhaber:
SFH Sylt Fashion Handelsgesellschaft mbH
Boysenstraße 3
25980 Westerland
Tel.: 0 46 51 / 2 63 40
Fax: 0 46 51 / 29 95 74
syltfashion@yahoo.de
Öffnungszeiten: Mo. – Fr. 10.00 – 18.30 Uhr,
Sa 10.00 – 18.30 Uhr

Seit Jahren eine erste Adresse für sportlich-feminine Mode
und eine große Auswahl an Top-Labels: Ambiente in Westerland.

# CARPE DIEM

## ... ZEIGT HER EURE SCHUH

„Versuchungen sollte man nachkommen, wer weiß, ob sie wiederkommen." (Oscar Wilde). Recht hat er, der Oscar, und bei Carpe Diem sind die Versuchungen immens. Der Westerländer Nobelschuhladen in der Elisabethstraße ist ein absolutes Muss für diejenigen, denen ausgefallene Schuhe „alles" bedeuten.

„Meine typische Kundin ist selbstbewusst, jung oder jung geblieben. Sie ist überaus modisch, anspruchsvoll und geschmackssicher", berichtet Carpe-Diem-Inhaber Halûk Ünsal. Seit vielen Jahren hat sich der smarte Geschäftsmann auf die Top-Labels der Branche spezialisiert.

Sein ebenso großzügig wie geschmackvoll inszeniertes Geschäft gleicht einem Catwalk für Marken wie Prada, Gucci, Dior, Dolce & Gabbana, Y-3, Pedro Garcia, Miu Miu. Aber nicht nur die Dame von Welt wird bei Ünsal fündig, der nach eigener Aussage dem Wettbewerb immer eine Saison voraus ist, sondern ebenso der modisch interessierte Mann. Labels wie Alden, Sebago oder John Lobb sprechen ihre eigene Sprache.

Schuh-Hits for Kids kommen von Bumper, Pomodapi oder Gianfranco Ferré. Komplettiert wird das Sortiment des Carpe Diem mit modischen Taschen, Gürteln und Portemonnaies.

Ab Februar öffnet in Kampen am Braderuper Weg 2 ein zweites Carpe-Diem-Geschäft seine Pforten. Drei neue Labels – YSL, Fendi, Balanciaga – wird es dann auch geben.

Inhaber: Halûk Ünsal
Elisabethstraße 1
25980 Westerland
Tel.: 0 46 51/ 20 17 02
Fax: 0 46 51/ 20 17 02
uensal@carpediem-sylt.de
www.carpediem-sylt.de
Öffnungszeiten: Mo – Sa 10.00 – 19.00 Uhr, Sonntag geschlossen

Extravaganz auf ganzer Linie:
Halûk Ünsals Carpe Diem gehört zu Europas Top-Schuhgeschäften.

# BARBOUR STORE BY PRIGNITZ

## MODE & FUNKTION

Wer eine Barbour-Jacke sein Eigen nennt, ist besonders auf Sylt fein raus. Schon seit vielen Jahrzehnten sind die Barbour-Jacken etwas Besonderes in der Welt der Outdoor-Bekleidung, was Funktionalität, Qualität und Kundenservice betrifft. Kein Wunder also, dass die Klassiker der Outdoor-Kleidung auch in Deutschland immer mehr Fans gewinnen. Ihr zeitloser Stil ist wie geschaffen für eine modern interpretierte Form des Freizeit- und Country-Life, das auf Sylt seit jeher zelebriert wird – deshalb ist der Barbour Store by Prignitz in Westerland auch *die* Adresse, wenn es darum geht, ein Outfit zu finden, das Mode und Funktionalität miteinander verbindet. Und das ist schon seit 1991 so.

Heute können Kunden auf 140 Quadratmetern die umfangreiche Barbour-Markenwelt entdecken: von der gewachsten Country-Jacke schlechthin, der Classic Beaufort, und der original Eskdale-Steppjacke über Accessoires wie Hüte, Schals, Handschuhe, Westen und Ledertaschen bis hin zu den aktuellen Kollektionen für Damen und Herren und seit letztem Jahr auch noch ausgewählten Kollektionsteilen für die lieben Kleinen. Neben der Sortimentsbreite liegt das Erfolgsgeheimnis des Sylter Barbour Store by Prignitz in den Serviceleistungen. Ist eine Größe oder ein Modell vergriffen, wird es bestellt und dem Kunden direkt nach Hause geschickt.

Andreas-Dirks-Straße 14
25980 Westerland
Tel.: 0 46 51 / 63 69
Fax: 0 46 51 / 88 65 51
Barbour@Prignitz-Moden.de
www.prignitz-moden.de
Öffnungszeiten Sommersaison: Montag bis Freitag 10.00 – 19.00 Uhr, Samstag 10.00 – 18.00 Uhr, Sonntag 12.00 – 17.00 Uhr

Auf 140 Quadratmetern präsentiert Ulrike von Stein Deutschlands größtes Barbour-Sortiment.

# SYLTNESS CENTER

## URLAUB FÜR DIE SINNE

Körperliches und seelisches Wohlbefinden gewinnt für immer mehr Menschen oberste Priorität bei ihrer Lebensführung. Regelmäßige Bewegung, ausgewogene Ernährung und Wellnessanwendungen sind effektive Maßnahmen dafür. Und wer auch noch seinen Urlaub intensiv nutzt, um die „Lebensbatterien" wieder voll aufzutanken, handelt doppelt effektiv.

Wer die vier Säulen des Wohlbefindens in allen Dimensionen genießen möchte, hat im modernen Westerländer Syltness Center alle Möglichkeiten. Das Spa am Meer vereint Wellness, Beauty, Thalasso und Fitness unter einem Dach und entführt den Gast in die wunderbare Welt der Entspannung: Eintauchen in die Heilkräfte des Meeres bei einer Thalasso-Therapie, die verblüffende Wirkung wertvoller Pflegeprodukte während eines Beauty-Treatments erleben, totale Entspannung durch jahrhundertealte asiatische oder indianische Rituale finden, die Kondition verbessern mit einem maßgeschneiderten Aktivprogramm.

Das überaus großzügig konzipierte Syltness Center an Westerlands Dünengürtel bietet rund 400 Anwendungen für jeden Anspruch. Von der Schönheitspflege im Day-Spa über die gesundheitliche Prophylaxe bis hin zu plastischer und ästhetischer Chirurgie.

Ein Stab von bestens ausgebildeten Mitarbeitern, Therapeuten und Ärzten sorgt für den gewünschten Erfolg. Vom Syltness Center haben Gäste einen direkten Zugang zum Erlebnisbad Sylter Welle und zu der herrlichen Saunalandschaft.

Dr.-Nicolas-Straße 3
25980 Westerland
Buchungs- und Servicenummer:
01 80 / 5 00 99 80
Fax: 0 46 51 / 9 98-60 00
info@westerland.de
www.westerland.de
Sämtliche Termine nach Vereinbarung

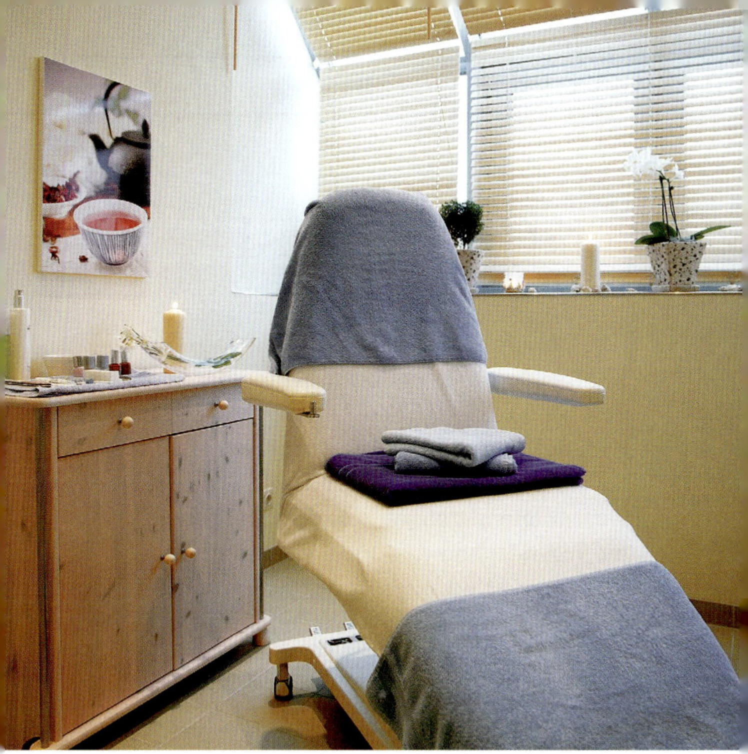

as lichtdurchflutete Beauty-Studio gewährt schönsten Dünen- und Meeresblick.
Orientalische Pflegerituale erlebt man im Rasul.

# TISCH & HERD

## OFFENBARUNG FÜR PROFI- UND HOBBYKÖCHE

Wer gut und gerne kocht, kann nicht genug an Ausstattung besitzen. Das stellt auch Ludger Löbbert voller Freude immer wieder fest, wenn seine Stammkunden der verführerischen Auswahl seines Fachgeschäfts rund um Tisch & Herd nicht widerstehen können. Vor sieben Jahren eröffnete Löbbert mit seiner Frau Marion in Westerland das Geschäft, das sich seitdem zum vielgelobten Einkaufsparadies für Hobby- und Profiköche (auch die Köche-Prominenz der Insel kauft hier ein) etabliert hat. Vom hochwertigen Kochtopf für zu Hause, angefangen bei den gusseisernen Töpfen von Le Creuset, bis zu edelsten Kupfer-Koch-Serien für die Gastronomie von Krafft und Mauviel reicht das Angebot an Kochgeschirr. Schier unglaublich die Auswahl an traditionellen japanischen Kochmessern mit echter Damaststahlklinge. Die Labels von Tisch & Herd – Laguiole, Rösle, Pott Dreizack, Global oder Spring – lesen sich wie ein „Who's who" der Branche. Kunden bekommen alles für einen schön gedeckten Tisch – wie etwa Pfeffermühlen von amerikanischen, französischen und italienischen Spitzenherstellern, die sich auf elf (!) Metern Regalfläche präsentieren – und natürlich Dinge, die das Leben in der Küche leichter machen (auch eine Auswahl von 250 Ausstechern und Dessertringen gehört dazu). Englische Landhausherde sowie eine große Auswahl an Sommelier-Bedarf runden die Welt der Küche ab. Selbstverständlich wird deutschlandweit geliefert.

Inhaber:
Ludger M. Löbbert
Bismarckstraße 7
25980 Westerland
Tel.: 0 46 51 / 99 52 70
Fax: 0 46 51 / 99 52 71
LL@tischundherd-sylt.de
www.tischundherd-sylt.de
Öffnungszeiten: Mo. – Fr. 9.30 – 18.00 Uhr,
Sa. 9.30 – 14.00 Uhr
Kreditkarten: EC-Karte

Design, Funktion und Qualität sind die Maximen, nach denen Ludger Löbbert sein eindrucksvolles Sortiment zusammengestellt hat.

# Genießen Sie auch unsere exklusiven Bildbände

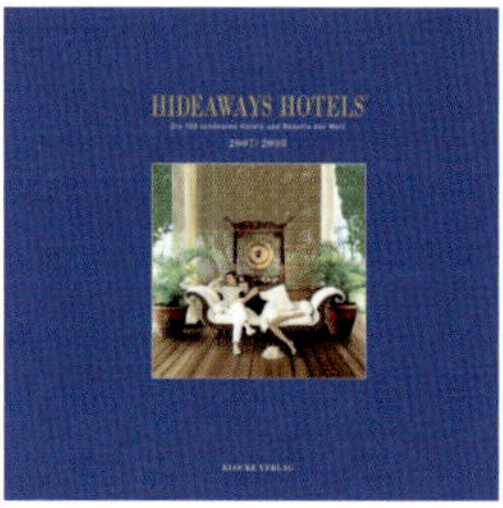


**HIDEAWAYS Hotels 2007/2008**
Die 100 besten Hotels
264 Seiten, 25 x 25 cm, 20,– €

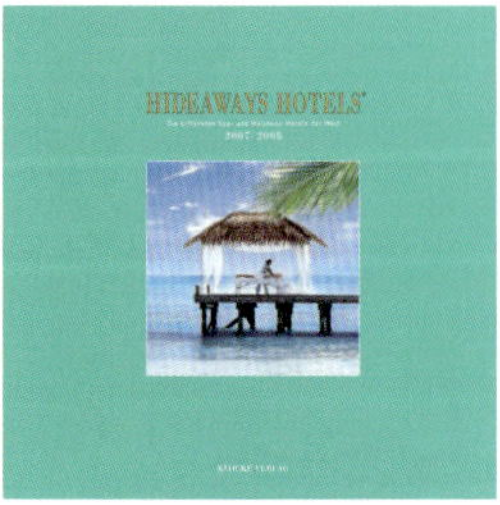


**HIDEAWAYS SPA-Guide**
Die schönsten Spa- und Wellnesshotels
168 Seiten, 25 x 25 cm, 20,– €

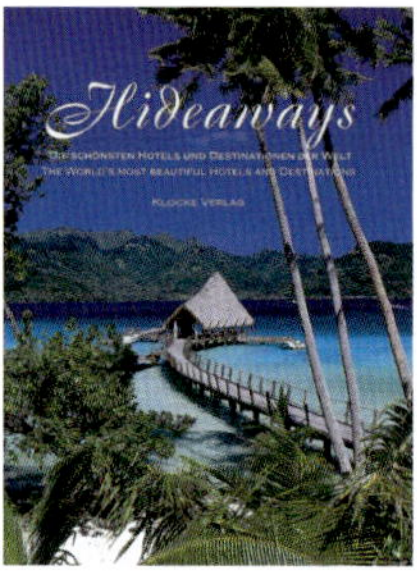


**Band VIII**
u.a. Seychellen, Zypern, Südafrika, Portugal,
240 Seiten, 23,5 x 32 cm
55,– €

**Band IX**
u.a. Malediven, Thailand, Malaysia, Spanien
224 Seiten, 23,5 x 32 cm
55,– €

**Band X**
u.a. Mauritius, Indien, Dubai, Grenada
216 Seiten, 23,5 x 32 cm
55,– €

**STERNSTUNDEN**
Zu Gast bei den besten Köchen Europas
216 Seiten, 23,5 x 25,5 cm
55,– €

**INSELPARADIESE**
Die schönsten Inselhotels der Welt
240 Seiten, 32 x 23,5 cm
55,– €

# Reisen, Wohnkultur und erlesene Gourmandise

**HUMMER CUM LAUDE**
Kochgeschichten & Kochgeschichte
von Gerhard Gartner
216 Seiten, 23,5 x 32 cm, 55,– €

**KREUZFAHRT-TRÄUME**
An Bord der Königinnen
der Weltmeere
228 Seiten, 23,5 x 32 cm, 55,– €

**LANDPARTIE VI**
Ein Ausflug zu den schönsten
Hotels im *country style*
208 Seiten, 23,5 x 25,5 cm,
55,– €

**LANDPARTIE VII**
Ein Ausflug zu den schönsten
Hotels im *country style*
208 Seiten, 23,5 x 25,5 cm,
55,– €

**LANDPARTIE VIII**
Ein Ausflug zu den schönsten
Hotels im country style
208 Seiten, 23,5 x 25,5 cm,
55,– €

**COUNTRY STYLE LIVING**
Die schönsten Interieurs
im Landhausstil
228 Seiten, 23,5x32 cm, 55,– €

**COUNTRY STYLE LIVING II**
Die schönsten Interieurs
im Landhausstil
224 Seiten, 23,5x32 cm, 55,– €

**COUNTRY STYLE GARDEN**
Die schönsten Gärten
im Landhausstil
216 Seiten, 23,5x32 cm, 55,– €